이런 영화 있는 줄 몰랐을 걸???

이런 영화 있는 줄 몰랐을 걸???

초 판 1쇄 2022년 12월 26일

지은이 다이나믹LEE
펴낸이 류종렬

펴낸곳 미다스북스
총괄실장 명상완
책임편집 이다경
책임진행 김가영, 신은서, 임종익, 박유진

등록 2001년 3월 21일 제2001-000040호
주소 서울시 마포구 양화로 133 서교타워 711호
전화 02) 322-7802~3
팩스 02) 6007-1845
블로그 http://blog.naver.com/midasbooks
전자주소 midasbooks@hanmail.net
페이스북 https://www.facebook.com/midasbooks425
인스타그램 https://www.instagram/midasbooks

ISBN 979-11-6910-116-5 03680

값 **16,500원**

미다스북스는 다음세대에게 필요한 지혜와 교양을 생각합니다.

컬트

클래식 영화

안내서

다이나믹LEE

지음

미다스북스

진흙 속 흑진주만 찾아다니는
미친 해적

언제부터였을까? 평소 영화광이셨던 부모님이 빌려오신 비디오테이프나 TV에서 방영해준 〈터미네이터 2〉, 〈글래디에이터〉 등의 영화를 등급, 장르 가리지 않고 보면서 성장한 내게 영화는 가장 죽이 잘 맞는 친구였다. 유년시절엔 신나는 할리우드 대작들을 보길 좋아하다가, 사춘기를 맞이하면서는 누벨바그와 같은 예술영화를 동경하고 직접 영화를 찍어보고 싶다는 욕망도 생겨났다. 그러다 대학생 성인이 되었고, 그토록 가고 싶던 부천 국제 판타스틱 영화제, 부산 국제 영화제를 직접 찾으며 단골 관

객이 되어 각국의 다양한 영화들을 접하게 되었다. 그리고 마침내 이름도 유명한 마블 시네마틱 유니버스까지 섭렵하게 되었다. 이처럼 다양한 영화를 즐기지만 컬트영화는 늘 내 최애 리스트의 앞자리를 차지해왔다. 개봉 때보다는 이후 홈비디오를 통해 열렬한 주목을 받은 B급 성향의 영화에 열광하기 시작한 게 정확히 언제부턴지 기억하기 어렵다.

어쩌면 사춘기 시기 EBS 교양 프로그램 〈시네마 천국〉을 애청하기 시작할 때부터로 볼 수 있을 것 같다. 고등학교 2학년이 되었던 2007년 당시 〈시네마 천국〉에서는 '불멸의 B무비'라는 미니 코너를 만들어 B급 성향의 영화들을 소개해주곤 하였다. 당시 야간 자율학습부터 학원, 수능 걱정에 지겨운 일상을 살던 입장에서 이 방송과 코너는 잠시나마의 탈출구이자 소화제 같은 존재가 되어주었다. 이후로 2010년대 SNS의 시대를 맞이해 한 손으로 쉽게 보는 유튜브라는 신세계를 접하게 되었다. 보는 것뿐만 아니라 영상을 쉽게 창작해 업로드할 수 있는 환경이 만들어진 만큼 전 세계 많은 이들이 자신만의 컬트 클래식들을 리뷰하고 추천하는 콘텐츠 제작을 물밀듯이 이어갔다. 이 시기야말로 주변에서 지겨울 정도로 홍보하고 추천하는 주류 영화들과는 다른 매력이자 때론 추억이기도 한 컬트영화에 대한 애정이 다시 발화되었다고 봐도 무방할 것이다.

계기가 무엇이었든지, 많은 사람들이 사랑하는 영화들과는 전혀 다른 실험적이거나 반항적이어서 찾아볼 때마다 새로운 재미를 주는 B급 영화, 컬트영화에 대한 나의 애정은 어릴 때나 지금이나 여전하다는 게 결론이다. 간혹 사람들이 B급의 조악함을 지적하기도 하지만 메이저 블록버스터와는 다른 재미, 다른 볼거리를 선사해준다는 점에서 영화감독을 꿈꾸는 내게 계속해서 영감을 준다. 그러다 고마운 '씨네허브' 사이트, '목영이엔엠' 블로그를 만나 운영진이자 기자로 일을 시작하게 되고, 모두가 유튜브 등에서 영화 리뷰어로 새로운 활동을 시작하던 배경 속에, 나도 영화 리뷰를 하되 내가 사랑해온, 남들은 모르는 컬트영화들을 소개하기로 결심하게 되었다. 바쁜 일정 속에서 복잡한 유튜브 영상 작업 대신 자신 있는 글쓰기 연재를 이어가게 되었고, 이를 재밌게 읽어준 주변 친구들부터 평소 교류하던 평론가 선생님들의 격려 속에 이렇게 책을 내기로 결심했다.

사실 처음에는 책을 낸다는 게 부담스러웠고 자신 없었다. 애초 작가보다는 감독으로서 데뷔하고 싶던 점도 있지만, 무엇보다 내가 컬트영화를 제대로 잘 소개할 수 있을지 부담이 됐었다. 남들은 잘 모르는, 좋은 의미인 동시에 나쁜 의미로 특이한 영화들만 어떻게 이렇게 전문적으로 찾아 보냐고 놀림 받지 않을까 살짝 우려도 되었다. 그러나 남들의 시선은 의식하지 말고, 충분히 재밌으니 잘하는 것을 밀고 나가라는 주위의 고마운 격려 덕분에 자신감을 얻어 이렇게 출간할 수 있게 되었다. 그렇게 그동안 국내외 유튜버들로부터 추천받고, 과거 '불멸의 B무비'를 통해 소개받고, 또 영화제 상영과 다운로드 사이트들을 통해 찾아본 컬트영화에 대한 인상과 기억, 정보들을 바탕으로 이 책을 구성하였다.

어쩌면 이 영화들을 찾아보는 일은 해적질과 같다. 불법으로 찾아본다는 뜻이 아니라, 마치 만화 〈원피스〉에서처럼 영화사(史)와 인터넷이라는 두 대양을 헤치며 남들은 잘 모르는 특이한 스타일로 이목이 가는 영화들을 찾아내 그 가치를 내가 찾았노라 하고 세상에 선언하는 일과 같아 보이기 때문이다. 문제는 내가 찾는 보물이 금은보화 같은 고전

명작들이 아닌 진흙 속에 빠져 숨겨져 있는, 그것도 진흙 속 다이아몬드도 아닌 흑진주라는 것이다. 그러나 흑진주라도 보물로서 가치를 인정받기는 다이아몬드와 같기 마련! 초라해 보이고 난잡하고 황당무계하더라도 깔끔하고 번지르르한 주류 영화와는 다른 투박한 재미를 주거나 실험적인 스타일로 영화광의 이목을 끄는 걸작 반열에 오를 '소작(小作)'(?)들이 분명히 존재한다. 나의 취미이자 임무는 바로 이 숨겨진 보물 같은 영화들을 찾아내 보물지도를 그리고 기록을 남겨 세상에 그 가치를 알리는 것이다. 대중적으로 인기 있는 유명 평론가는 아니지만, 이들조차 몰랐을 이방지대의 속한 영화들을 골라 찾아다니는 외길 컬트영화 연구 인생도 몇 명쯤은 있어야 한다고 믿는다.

지금까지 계속 글을 써내 책으로 엮어 낼 수 있게 연재 기회를 준 씨네허브의 운영을 맡은 김도영 감독님과 송영신 감독님, 또 블로그 연재 공간을 준 목영이엔엠의 신영 감독님께 감사를 드린다. 또 어떠한 힘든 상황에서도 글을 쓸 수 있게 계속 격려해준 부모님, 동생, 막내 고양이 리오까지 가족들, 이 소박한 글들을 재밌어해준 친구들, 또 이 소박한 작업을 격찬해주며 책으로 내자고 제안해주신 이현경, 정민아, 이용철 평론가님, 그리고 이렇게 책을 내준 미다스북스까지 모두에게 감사를 전한다. 또 이번 책을 준비하는 과정에서 떠나간, 지난 17년을 동고동락한 고양이 '리마'에게도 이 책을 바친다.

마지막으로 무엇보다 씨네허브 사이트, 목영이엔엠 블로그를 통해 계속해서 관심 있게 읽어주어 여기까지 올 수 있게 해준 고마운 인터넷 구독자들에게도 이 책을 헌정하는 바이다. 그럼 지금부터 희한한 그러나 짜릿한, 숨겨진 영화들의 세계를 재밌게 즐기길 바란다. 명심하시라! 이 요상한 영화들이 풍기는 아우라이자 이들에게 빠지게 만드는 광기는 우리가 멘탈을 챙기며 살아가게 만드는 이성과 서로 종이 한 장 차이이니… 그러니 본인이 이 영화들의 병맛에 절대 물들지 않는다는 순진한 생각따윈 하지 말 것!

2022년 가을, 다이나믹LEE

컬트영화(cult film)의
정의 규명

사실 '컬트영화(cult film)'에 대해 정의하는 것은 어렵고 애매모호하다. '컬트(cult)'라는 단어는 과거 로마 시대 귀족 출신 사제 집단을 가리키는 말에서 시작해 기독교가 지배적이게 된 이후 그와 다른 이교도 집단을 지칭하는 표현으로서, 현대에 들어 사이비 종교, 광신도를 지칭하는 부정적인 표현으로 쓰이게 되었다. 그러던 중 1975년 뮤지컬 영화 〈록키 호러 픽쳐 쇼〉가 흥행과 평단의 반응이 저조함에도, 심야상영에서 젊은 관객들이 등장인물처럼 옷과 메이크업을 차려입고 상영관에 몰려들어 노래와 춤을 열광적으로 따라 하는 현상이 발생하였다. 언론에서 이를 종교 집단에 비유해 표현하기 시작하면서 컬트영화(cult film)라는 어휘가 유행하게 되었다.

이러한 현상이 다시 주목받은 건 〈블레이드 러너〉의 사례일 것이다. 1982년 개봉한 〈블레이드 러너〉는 지금의 명성과 달리 〈E.T〉에 밀려 흥행에 실패하고, 대부분의 평론가들로부터도 침울하고 이해하기 어렵다는 혹평을 받고 말았다. 그러나 이 영화에 열광한 소수의 마니아들이 등장했고, 이후 출시된 VHS, 레이저 디스크 등 홈비디오 매체가 수집품이 되며 주변에 입소문을 올렸다. 이 덕분에 영화팬들 사이에서 명작으로 재평가 받았고, 이에 힘입은 영화사도 감독판 개봉부터 이를 더 보정한 파이널 컷 개봉을 이어나갔다. 물론 이에는 마니아 팬들의 자발적인 모금 및 지원 활동도 있었다. 그렇게 〈블레이드 러너〉도 새로운 세대에 의한 SF 컬트영화로서 언론에 알려지게 되었다.

이와 같이 상업적으로도 평단의 평가에서도 실패한 영화들이 열광적인 영화광들에 의해 입소문이 나며 홈비디오 매체로 소비되는 사례가 급증거나, 극중 의상을 따라 차려입고 축제처럼 활보하는 현상들이 잦아지면서 컬트영화라는 어휘가 대중적으로 세계적으로 굳어졌다.

국내에서도 90년대 비디오 시장의 확장과 금기되었던 일본 영화의 복사판 유통, 부천 국제 판타스틱영화제, 전주 국제 영화제 등 새로운 영화제들이 등장과 함께 〈킹덤〉(1994), 〈델리카트슨 사람들〉(1991), 〈공각기동대〉(1995) 등의 영화들이 상영되고 수입되어 주목을 받았다. 여기에 막 등장한 PC 통신을 통하여 추천이 오가며 비슷하게 컬트영화 문화와 그 어휘가 전해지게 되었다.

여기까지 배경에 따라 이 책에서 다루고자 하는 영화들의 기준은 다음과 같다. 개봉 당시 흥행 성적이 좋지 않거나, 메이저 영화들과 달리 홈비디오나 영화제 등 소규모로 배급된 작품들 가운데 이후 열성 팬덤층을 이루며 문화적 반향, 평론계에서의 재평가를 이뤄낸 작품들을 중심으로 소개하고자 한다. 물론 이 중에는 이미 많은 이들이 잘 아는 영화들도 있을 것이기에, 해당 영화를 좋아하는 입장이라면 이 영화를 컬트영화, B급영화로 취급해 소개한다는 점에서 불편할 수 있을 것이다. 그 입장들에게 양해를 부탁하며, 똑같이 해당 작품을 사랑하기에 더 많은 이들에게 소개하고자 하는 마음에서 이 책에 소개하는 점을 밝히는 바이다.

목차

1장
천릿길도 한 '몽상'부터!
: 애니메이션, 판타지

6장

모두가 어벤져스일 필요는 없어
: 슈퍼히어로

천릿길도 한 '몽상'부터!
: 애니메이션, 판타지

트랜스포머 더 무비(1986)
: 나는 '레알' 전설이다

※주의!! 마이클 베이 감독의 동명 블록버스터 시리즈와 혼동 유의바랍니다!※

지난 2007년, 80~90년대 세대에게 문화적 쇼크와 같은 영화 한 편이 개봉했다. 바로 거장 '스티븐 스필버그'가 제작하고 액션 전문 감독 '마이클 베이'가 연출한 SF 블록버스터 〈트랜스포머〉였다. 잘 알려진 대로 〈트랜스포머〉는 미국의 '하스브로' 완구회사에서 만든 변신 로봇 장난감 홍보를 위해 84년 제작되어 방영된 TV 애니메이션을 원작으로 하였다. 비록 우리나라에서는 방영되진 않았지만, 80~90년대 〈지구용사 선가드〉, 〈전설의 용사 다간〉, 〈마이트 가인〉과 같은 일본 변신 로봇 애니에 익숙해 있었기에 이들 세대로부터 700만 관객을 동원하며 그해 국내 박스오피스 1위를 차지하였다. 본국 미국의 경우는 말할 것도 없다.

그만큼 이 애니 시리즈는 〈지구용사 선가드〉부터 동물 변신 버전의 〈비스트 워즈〉에 이르기까지의 변신 로봇물의 전통적인 초석을 마련해주며 애니메이션 분야의 기념비적인 작품이 되었다. 그리고 그 신드롬에 맞춰 극장용 영화도 만들어졌다. 아니, 방금 얘기한 2007년도 실사 영화를 말하는 것이 아니다! 공식적인 첫 번째 트랜스포머 영화는 1986년 개봉된 TV 애니 시리즈의 극장판 버전 〈트랜스포머 : 더 무비〉이다. 이 역시 국내엔 잘 알려지지 않았으나, 지금까지도 미국 트랜스포머 팬들은 실사 영화가 아닌 영화야말로 "진정한 트랜스포머 영화(The Ultimate Transformers Theatrical Movie)"라 추켜세우고 있다.

영화는 아동층을 겨냥한 애니메이션치곤 꽤 충격적으로 시작한다. 행성만 한 크기의 로봇 '유니크론'이 한 행성 내의 모든 로봇과 문명을 순식간에 몰살시켜버린다. 그렇게 아이들에게 쇼킹한 파괴력을 보여준 유니크론이 다음 표적을 찾아 이동하는 사이, 지구에서는 '오토봇' 로봇들과 인간 '윗위키' 가족들은 오늘도 평화로운 나날을 보내고 있다.

'디셉티콘' 로봇 군단의 반란으로 고향 '사이버트론'을 떠나 지구에 정착한 오토봇 로봇들은 인간들과 함께 삶을 이어나가는 동시에 사이버트론의 재건을 위해 노력하고 있다. 그러나 그들을 도청하던 로봇 새가 있었으니, 그는 바로 디셉티콘 군단의 첩자 '사이드웨이브'였다! 그는 디셉티콘 본부로 돌아와 카세트테이프(?!)로 변신해 두목 '메가트론'에게 도청 내용을 들려준다.

오토봇들이 방심하고 있는 분위기임을 파악한 메가트론은 일당들과 함께 총공격을 강행하고, 여기서 기존 TV 시리즈에서의 주요 로봇 캐릭터들이 전사하는 충격적인 장면들이 이어진다. 메가트론과 디셉티콘이 침공하자 오토봇 리더 '옵티머스 프라임'을 비롯해 윗위키 가족, 그들과 가장 어울리는 신참 오토봇 '핫로드' 역시 전투에 출동한다. 두 로봇 무리 간의 길고 긴 전투가 눈부시게 이어지고, 열세에서 밀려난 상황에도 불구하고 오토봇

들은 끝까지 싸운 끝에 옵티머스는 계속되는 희생을 막고자 직접 메가트론을 상대하기로 한다. 메가트론을 호위하는 디셉티콘들을 한 방에 뚫은 옵티머스 프라임은 드디어 메가트론과 마주한다. 여기서 두 로봇 진영들 간의 운명이 결정되는 것이다. "한 명은 남고, 한 명은 사라질 것이다!(One shall stands, one shall falls)"라는 옵티머스의 강렬한 선전포고와 함께 둘간의 격렬한 격투를 벌인다.

마침내 옵티머스가 메가트론에게 총을 겨누던 그 찰나, 메가트론은 시간을 벌고자 자비를 베풀어 달라는 비겁한 모습을 보인다. 이때 핫로드가 막무가내로 메가트론을 잡으려다 그의 인질이 되어버린다. 그 틈을 노려 메가트론은 옵티머스의 가슴에 직격으로 총을 발사한다! 옵티머스마저 쓰러지자 메가트론은 신음하는 옵티머스 머리에 총을 겨누지만, 옵티머스도 있는 힘을 다해 그를 절벽으로 떨어뜨린다. 똑같이 치명상을 입은 메가트론은 디셉티콘 군단에게, 옵티머스도 오토봇들의 부축을 받으며 각자 후퇴한다. 바로 가슴에 치명상을 입어 죽어가는 옵티머스는 수하 '울트라 매그너스'에게 자신의 심장이자 사이버트론 재건의 씨앗인 매트릭스를 건네며 그에게 리더 자리를 물려준다. 그렇게 위대한 리더 옵티머스 프라임은 죽음을 맞는다.

한편 디셉티콘 군단의 스타스크림은 부상당한 메가트론을 우주 한가운데에 던져버리며 디셉티콘의 리더 자리를 차지한다. 스타스크림의 배신으로 우주를 떠돌던 메가트론은 유니크론 앞에 마주한다. 그러나 유니크론은 메가트론을 파괴하는 대신 자신과 함께 매트릭스와 오토봇을 없애고 우주를 함께 지배하길 제안한다. 그 제안에 맹세한 메가트론을 유니크론은 새로운 로봇 '갈바트론'으로 업그레이드 시켜준다. 갈바트론으로 부활한 메가트론은 먼저 자신을 배신한 스타스크림부터 제거해 자신의 군대를 되찾는다. 한편 오토봇에서는 울트라 매그너스가 새로운 리더가 되었지만 위대한 정신적 지주인 옵티머스의 죽음에 로봇들부터 윗위키 부자까지 모두가 무력한 상황. 그 사이 쫓아온 갈바트론과 유니크론의 공격을 받기 시작하자 우주선을 타고 피신한다. 그러나 공격을 받아 서로 뿔뿔이 흩어진 채 한 의문의 로봇 행성에 불시착하고 만다. 이 황폐한 행성에서 '렉-가'가 이끄는 괴수로 변신하는 로봇들에게 포위되면서 오토봇들은 새로운 위기에 처하는데….

  요즘 기준에서 보면 애니메이션 퀄리티가 허술해 보일 수 있겠지만, 이 영화는 당시 엄청난 프로젝트였다. 일단 당시 어린이들 사이에서 초월적인 인기를 끈 TV 애니의 극장판을 할리우드가 본격적으로 제작한 첫 번째 사례였다. 그 외 TV 시리즈의 경우와 마찬가지로 더 많은, 새로운 장난감 캐릭터 홍보의 발판이 되어주기도 하였다. 사실 이 전략이 성공한 첫 사례는 〈트랜스포머〉가 아닌 〈우주의 왕자 히맨〉(1983~85)이었다. 하스브로 사는 〈우주의 왕자 히맨〉을 시작으로 장난감 홍보를 위한 배경 스토리를 기획하며 TV 애니메이션 시리즈를 방영했고, 예상대로 아이들의 반응은 폭발적이었다. 이에 힘입어 하스브로는 같은 전략으로 변신 로봇 〈트랜스포머〉에 뒤이어 밀리터리 시리즈 〈지, 아이 조〉까지 연이어 성공시킨다.

물론 평론가들은 아이들에게 장난감을 팔아먹는 상업적 전략에 불과하다 비판했지만, 이는 단순한 판매 전략을 넘어 문화적 반향으로 전파되었다. 그리고 이 전략으로 큰 수익을 얻는 데 성공한 하스브로는 일본의 '토에이' 애니메이션사와 국내의 애니메이션 작업 하청 제작사 'AKOM 프로덕션', 그리고 (당시 지금의 위용은 없었던, 그저 코믹스 출판사이자 TV 애니 제작사에 불과했던) '마블(Marvel)'과 합작해 극장용 애니메이션이라는 파격적인 기획에 도전한 것이다. 위험한 도박일 수 있었음에도 이들은 용감히 도전했고, 그렇게 큰 스크린으로 나선, 옵티머스 이후의 새로운 세대 로봇들의 대서사시를 만들어낸 것이다.

두 번째는 극장판 퀄리티에 맞춘 최고의 기술이 동원되었다는 점이다. 메가트론이 갈바트론으로 변신하는 장면의 현광레이저 효과는 '로토스코핑(Rotoscoping)'이라는 기술을 동원했다. 로토스코핑이란 미리 그려진 그림 혹은 촬영한 영상을 프레임 단위로 프린트한 뒤 그 위에 셀애니메이션을 합성하거나 모델과 똑같은 외모 및 동작을 그대로 옮겨 그리는 기법이다. 이는 디즈니가 〈백설공주와 일곱 난쟁이〉(1938)를 제작할 때 실사 배우의 움직임을 영상 촬영한 뒤 프레임 단위별 사진 위에 투명 셀로판지를 대고 그대로 그려 사실적인 동작을 구현하는 데서 시작된 뒤로, 미국 애니메이션에 자주 사용되는 기법이 되었다. 그 외에도 CG가 없던 시절 〈스타워즈〉(1977)와 같은 SF 영화에서 레이저를 표현하는 데 쓰이기도 했다.

〈트랜스포머〉도 이미 그려진 메가트론과 갈바트론 그림 위에 셀을 놓고 형광페인트로 옮겨 그린 뒤, 편집 과정에서 원본 그림에서 형광 페인트 그림으로 페이드 하는 방식을 통해 환상적인 변신 장면을 만들었다. 참고로 이 영화와 TV 시리즈를 만든 감독은 여러 애니메이션들의 작화 작업을 연출해온 한국계 애니메이션 감독 '신능균(넬슨 신 Nelson Shin)'이다. 그와 그의 AKOM 프로덕션은 또 다른 명작 TV 애니 〈심슨 가족〉을 대표로 1980~2000년대 여러 유명 애니들의 작화, 애니메이터 작업들을 해왔다.

그렇지만 이러한 노고에도 불구하고 극장판 애니메이션은 흥행에서 대참패를 겪고 만다. 평론가들은 "아이들에게 새로운 캐릭터 장난감 라인을 팔아먹으려 환장한 영화"라며 비판하였고, 주요 층인 아동 관객들은 옵티머스를 비롯해 TV 시리즈의 인기 주인공들이 죽는 장면들에 큰 충격을 받으며 논쟁의 대상이 되었다. 심지어 당시 극장에서 영화를 본 한 어린이 관객 중에는 우울증으로 일주일간 방 안에만 틀어박혀 있었다는 이야기가 전설처럼 전해진다. 요즘 기준으로 치면, 〈포켓몬스터〉에서 피카츄까지 주인공들이 모두 죽는다고 했을 때 반향이라 봐도 무방할 것이다. 이 파격에 주요 관객들이 외면하고 평론계도 도와주지 않으니 영화의 실패는 물론 우리나라에서도 잘 알려지지 않은 점이 이해가 갈 수 있을 것이다.

그러나 원작 시리즈 골수팬들을 통해 극장판도 걸작으로 추앙받아왔고, 비디오테이프(VHS)와 DVD로 수집 대상 1호가 되는 동시에 인터넷을 통하여 "진정한 트랜스포머 영화"라는 추천의 열풍을 받기 시작했다. 그렇게 실사 블록버스터 시리즈 밑에 묻힐 뻔했던 극장판부터 TV 애니메이션 시리즈는 대대로 팬들에게 전해지며 스페셜 에디션 DVD로 발매되며 새로운 컬트 클래식이자 미국 애니계의 고전 반열에 오르게 되었다. 우리나라에서도 본작이 80년대 말 설 특집으로 TV에서 〈유니크론과 변신로보트〉라는 제목으로 방영되었고, 1990년대 원전 TV 시리즈 역시 비디오 시장을 통해 발매되며 국내 아이들도 변신 로봇의 세계로 이끌었다.

실사 변신 로봇을 최초로 구사해 반향을 불러 일으켰던 1편 이후로 그 성공에 도취되어 갈수록 엉망이 되어 간 마이클 베이의 막무가내 파괴지왕 〈트랜스포머〉 영화 시리즈에 실망하였다면, 투박한 애니메이션 영상에도 불구하고 진지하고 무거운 액션을 밀고 나간 〈트랜스포머 : 더 무비〉로 그를 해소하길 추천하는 바이다. 이야기와 볼거리는 물론 80년대를 대표하던 일렉트릭 락으로 연주된 사운드트랙 역시 로봇이라는 소재와 어울려 강렬하게 들린다. 특히 락그룹 'Lion'이 원작 TV 테마곡을 헤비메탈 버전으로 편곡해 부른 〈Transformers The Movie Theme〉부터 가수 '스탠 부시'가 부른 〈The Touch〉, 〈Dare〉 등 강렬하면서도 경쾌한, 드라마틱하면서 에너지 넘치는 음악들이 귀도 즐겁게 만든다.

더 거대한 액션 볼거리와 그래픽을 자랑하는 실사 시리즈와 거대 세계관을 장대히 묘사한 그림체의 〈트랜스포머:더 무비〉를 비교해보는 맛도 재밌지 않을까 싶다. 변신 로봇 액션을 실사로 구사하기 부족하던 당시 이를 정성어린 손 그림 하나하나로 어떻게 극복해나갔는지 생각하며 보면, 이 숨겨진 애니메이션이 〈백설공주와 일곱 난쟁이〉부터 〈인어공주〉(1989)까지

이런 영화 있는 줄 몰랐을 걸???

디즈니 대표작들부터 〈센과 치히로의 행방불명〉(2001), 〈이웃집 토토로〉(1988) 등 지브리 애니메이션들까지 고전 명작들과 어깨를 나란히 할 만한 클래식임을 체감할 수 있을 것이라 믿는다.

(여담 – 성우들이 가장 쟁쟁하다. 시리즈의 악당 메가트론은 50년 경력을 자랑하는 성우 '프랭크 웰커'가 연기했다. 그는 〈형사 가제트〉의 '클러 박사'부터, 〈알라딘〉의 원숭이 '부'까지 악역 및 동물 전문 성우로 활약하였다. 갈바트론은 〈스타트렉〉 시리즈의 '스팍'으로 유명한 '레너드 니모이'가 연기했다. 〈트랜스포머3〉(2011)에서는 그의 오마쥬로서 니모이를 '센티널' 성우로 캐스팅하기도 했다. 최종 보스 유니크론은 〈시민 케인〉(1941)의 감독이자 대배우 '오손 웰즈'가 연기했다. 당시 그는 건강 악화로 녹음 참여가 거의 불가능했을 뿐더러 어린이용 애니에서 연기하는 것을 매우 불쾌해했다고 전해진다. 녹음을 마친 직후 웰즈는 개봉 전인 1985년에 사망하였다. 옵티머스 프라임을 연기한 '피터 컬렌' 역시 〈곰돌이 푸〉의 '이요르' 등을 연기한 베테랑 성우로 실사 시리즈에서도 그대로 옵티머스를 연기했다!)

마우스 킹(1982)
: 거장의 마스터 터치!

80년대, 애니메이션을 대표하던 디즈니가 침체기를 걷던 시절이 있었다. 〈토드와 코퍼〉(1981), 〈타란의 대모험〉(1985), 〈용감한 토스터 기계〉(1987) 등 일련의 애니들이 흥행에 실패해 경영난에 시달리고 있었던 것이다. 대신 변두리의 애니메이션 제작사들이 급성장해나갔다. 성인용 애니메이션의 창시자인 '랄프 백쉬' 감독은 대형 제작사들과 합작해 (먼저 〈반지의 제왕〉을 영화화해낸!)〈로드 오브 링스〉(1978), 〈불과 얼음〉(1983)을 내놓아

메이저 진출에 나섰고, 바다 건너 '지브리 스튜디오'는 〈바람계곡의 나우시카〉(1984), 〈반딧불이의 묘〉(1988), 그리고 대표작 〈이웃집 토토로〉(1988)까지 내놓으며 재패네이션의 세계화를 이루고 있었다. 이 가운데서 똑같이 부상하던 차기 거장이 있었으니 바로 '돈 블루스'였다.

이름은 낯설더라도, 애니메이션 역사에서 그를 빼놓고 얘기할 수가 없다. 그의 작품들은 디즈니와 유사하게 대중적으로 보이지만, 보다 어둡고 심층적인 연출로 깊은 작품성을 시도해보였다. 디즈니와 스타일이 유사한 만큼 그도 디즈니 애니메이터로 경력을 시작하였다. 디즈니의 〈잠자는 숲 속의 공주〉(1959) 작업에 파트타임 참여를 시작으로, 〈백설공주와 일곱 난쟁이〉(1938)부터 작업해온 전설적인 9명의 만화가 '나인 올드 맨(Nine Old Men)'의 가르침을 받으며 애니메이션 작법을 배우기 시작했다. 그는 견습생 애니메이터로서 디즈니에 입사해 〈로빈 훗〉(1973), 〈생쥐 구조대〉(1977), 〈피트와 용〉(1977) 등에서 애니메이터 및 캐릭터 디자인 작업을 맡았다. 그러나 당시 흥행 부진을 겪던 디즈니는 결국 예산 절감을 위해 애니메이션 부서의 축소와 그에 따른 제작 시스템 변경에 나섰다. 블루스는 창작의 자율을 막는 제작 시스템 변경에 반대하며 경영진과 갈등을 빚었고, 결국 일자리를 잃고 만다. 그럼에도 블루스는 애니메이션을 포기하지 않고 같이 디즈니를 나온 애니메이터이자 프로듀서 '게리 골드만'과 함께 1979년 '돈 블루스 프로덕션'을 설립한다. 그렇게 만든 스튜디오 첫 영화이자 총감독 데뷔작이 '로버트 C. 오브라이언'의 판타지 소설을 원작으로 한 1982년 작 〈마우스 킹〉이었다.

평야의 작은 농장. 그 속에서 군락을 이루며 살아가던 쥐들 중 밭 속 작은 집에서 네 아이들을 키우는 '브리스비' 부인은 남편 '조나단'을 갑작스런 사고로 잃게 된다. 엎친 데 덮친 격으로 막내아들 '티모시'마저 폐렴으로 몸져눕게 된다. 이제 다시 봄이 오면 농사가 시작되어 군락이 파괴될 위기에 처하자 다른 쥐들과 함께 대대적인 이주를 해야 할 상황. 그러나 찬 공기에 치명적인 티모시 걱정에 브리스비 부인은 이주를 꺼려하고 있다. 고민 끝에 '위대한 올빼미'에게 도움을 구하기로 하지만 주변에서는 올빼미와 만나서 살아 돌아온 쥐는 없다며 말린다. 그럼에도 브리스비 부인은 티모시를 구하기 위해 농장의 고양이로부터 구해준 까마귀 '제레미'의 도움을 받아 올빼미가 사는 거목으로 찾아간다. 어두운 거목 속 동굴 안에서 위협적으로 나타난 올빼미는 브리스비 부인에게 돌아가라며 경고하지만 브리스비 부인은 올빼미에게 간청한다. 곧 그녀가 조나단의 아내임을 알게 된 올빼미는 숲에서 명성 있었던 조나단을 위해 돕겠다며 농장 저택 앞에 장미 덤불 속에 살아가는 들쥐 떼 무리에서 '니코데무스'를 만나 도움을 구하라고 알려준다. 들쥐 떼의 리더인 니코데무스를 통하면 집 자체를 안전한 곳으로 옮길 수 있기 때문이다.

한 치의 양보 없는 삼엄한 경비를 뚫고 덤불 안으로 들어간 브리스비 부인은 의사 '에이지'와 기사 '저스틴'을 만난다. 이들은 덤불 속 들쥐 의회의 회원들이었고, 브리스비 부인이 의회의 명예 회원이었던 조나단의 아내이자 위대한 올빼미를 만났다는 얘기에 그녀를 의회로 인도한다. 그곳에서 의회장 니코데무스를 만난 브리스비 부인은 의회와 남편 조나단의 생각지 못한 역사를 듣는다. 원래 이들은 '님(N.I.M.H, National Instutude Mental Health)'이라는 이름의 제약연구소에서 실험용으로 이용되던 쥐들이었으나, 실험 약물에 의해 지능이 높아지고 언어를 배우게 되면서 연구실을 탈출해 농장에서 지금의 터전을 마련하고 있었던 것이다. 이들 중 위험천만한 탈출 작전에서 결정적 역할을 해준 것이 바로 조나단이었다. 그렇기에 니코데무스는 자신들을 구해준 조나단에게 은혜를 갚기 위해 브리스비 부인을 돕기로 한다. 한편 니코데무스의 결정에 따라 브리스비 부인의 집을 도르레를 통해 안전지대로 옮기는 작업이 실시되지만, 의회 무리 중 권력욕이 강한 '제너'는 이 기회에 니코데무스를 해치우기로 결심하는데….

사실 원작의 애니메이션화는 1973년 디즈니에서 처음 기획되었다. 그러나 이미 유명한 '미키 마우스'도 있고 〈생쥐 구조대〉 제작에 착수하던 디즈니는 다시 쥐들 이야기를 다루는 데 관심이 없었다. 그렇게 판권이 떠돌던

중 디즈니와 인연이 있던 돈 블루스에게 맡겨지게 되었다. 여기에서부터 블루스 감독은 이후 필모그래피에서 두드러지게 자신의 스타일을 선보인다. 블루스 감독 애니의 스타일은 밝고 원색적인 컬러의 디즈니 작품들과 달리 표현주의 회화나 영화처럼 극도로 그림자 지고 탁한 색감의 어두운 영상이 특징이다. 그나마 캐릭터 디자인체가 얼핏 (그가 일하기도 했던) 디즈니 그림체를 연상시키지만, 이들 역시 깊이 있는 성격 묘사로 연출해 판타지 세계에 리얼리티를 추구했다. 여기에 격투 장면에서 폭력 묘사를 거리낌 없이 넣고 무고한 아이들 캐릭터에게도 위기 순간을 던져줌으로써 숨막히는 긴장감을 선사한다. 그러면서도 역시 따스한 휴머니즘적 드라마와 익살스런 조연 캐릭터들도 추가함으로써 유머와 감동을 전하는 것 역시 잊지 않았다. 이처럼 빛과 어둠, 환희와 공포를 잘 엮어 나감으로써 당시로서는 낯설었던 원작 속 비현실적인 쥐들의 세계관을 친근한 영웅 설화처럼 전개하는 데 성공한 셈이다. 이 모두는 디즈니의 나인 올드맨으로부터 배운 터치이자, 그 기반 위에 리얼리티를 지향한 자신의 감각을 덧입힌 터치이다.

영화는 1982년도 여름에 개봉해 1천 4백만 달러 정도의 수익을 거뒀다. 6백 50만 달러의 제작 규모에다 디즈니가 아닌 독립 애니메이션 스튜디오의 첫 작품임을 감안하면 나쁘지 않은 성적이지만, 아이들에게 너무 어둡다는 관객들의 비평과 극장가에서 〈E.T〉가 지배적이었던 상황이 흥행에 걸림돌이 된 것이다. 그럼에도 영화는 '로저 이버트'를 위시한 평론가들로부터 높은 평가를 받아냈고, 블루스도 새로운 애니 거장이라는 찬사를 받았다. 그러나 많지 않은 수익에 할리우드 애니메이터들의 파업으로, 블루스 프로덕션은 첫 작품만 남기고 바로 문을 닫아야 했다. 그러나 〈마우스 킹〉은 블루스에게 예상치 못한 중흥기를 가져다 주는 계기가 됐다. 이 작품을 인상 깊게 본 거장 '스티븐 스필버그'는 자신의 영화사 '앰블린 엔터테인먼트'를 세운 후 역시 꿈꿨던 애니메이션 제작에 블루스와 파트너 골드만을 영입한다. 그렇게 블루스는 스필버그의 빵빵한 지원 하에 〈피블의 모험〉(1986), 〈공룡시대〉(1988)를 제작한다. 19세기 핍박을 피해 미국 뉴욕에 정착하는 이민자들의 삶, 잃어버린 부모를 찾아 떠나는 아기 공룡들의 성장 이야기를 사실적으로 그린 두 작품 모두 스필버그의 친절한(?) 지휘 덕분에 4천만 달러 이상의 성공을 거둔다. 하지만 둘의 협업은 오래가지 못한다.

〈공룡시대〉 제작 과정에서 스필버그는 공룡 싸움 장면 등 아이들에게 무서울 장면들을 편집하길 강력히 요구했고, 블루스는 필요한 장면이라며 고집을 꺾지 않았다. 결국 이 영화를 마지막으로 블루스는 스필버그를 떠난다. 다행히 블루스는 1990년대 애니메이션 경쟁에 나선 스튜디오들의 러브콜을 받는다. 그러나 〈찰리의 천국 여행〉(1989)을 제외하고, 〈에디의 환상여행〉(1991), 〈썸벨리나〉(1994), 〈페블과 펭귄〉(1995)까지 작품들은 흥행에서 실패하고 만다. 침체기 끝에 블루스는 마지막으로 성공의 빛을 받게 되는데, '20세기 폭스사'의 지원으로 제작한 〈아나스타샤〉(1997)가 그의 생애 최대 흥행인 5천 8백만 달러를 이룩하며 "거장의 귀환"이라는 찬사를 받은 것이다. 이에 힘입어 블루스는 다시 폭스사와 함께 SF 애니메이션 〈타이탄 A.E〉(2000)를 내놓는다. 당시 픽사와 드림웍스의 CG 애니메이션 열풍과 맞서기 위해 2D와 CG를 병합한 화려한 비주얼을 시도하였으나, 그 7천만 달러라는 천문학적 제작비에 반해 흥행에선 겨우 2천만 달러라는 대참패를 맞았다. 이는 블루스의 마지막 장편 연출작이 되고 말았다. 현재 그는 강사로 활동하면서 애니메이션 작법 가이드부터 자서전까지 여러 서적을 발간해 새로운 애니메이션 작가들을 양성하고 있다. 물론 코믹콘, 영화제 등에 꾸준히 참석해 팬들과의 만남을 게을리하지 않고 있다.

〈마우스 킹〉은 화려하고 대중적인 디즈니 애니메이션들과 천차만별로 다른 톤이지만, 그만큼 동화적 세계관을 현실적으로 체감할 수 있게 그려나간 블루스의 독자적 스타일이 잘 보이는 애니메이션이다. 원작에서 보여준 인간의 실험에 의해 고통 받다 지능을 얻은 쥐들이 자기들만의 문명을 세운 후 인간과 똑같이 권력을 탐내고 또 고뇌하는 리얼리티한 동화적 세계를 그대로 유지하는 한편 고전주의 디즈니로부터 배운 섬세한 그림체와 스토리텔링으로 관객들에게 공감을 시도한다. 그 점에서 기존 다른 상업 애니메이션들과 비교되는 심도 있는 작품성을 보여준다. 때론 너무 어둡고 어떤 순간에는 공포스럽다가도, 순간순간 웃음꽃이 피어나다 마지막에 감동의 눈물방울을 흘리게 된다. 이는 격동의 시대를 그린 〈피블의 모험〉, 〈아나스타샤〉, 현실과 환상을 오가는 〈찰리의 천국 여행〉, 〈타이탄 A.E〉, 어린 캐릭터들의 성장 모험극 〈공룡시대〉, 〈에디의 환상여행〉까지 후기작들에서도 잘 드러나는 블루스만의 스타일이다. 여기에 '데릭 자커비', '엘리자베스 하트먼', '존 캐러딘', (블루스 감독의 페르소나 성우인) '돔 더루이즈'까지 연기파 배우들의 셰익스피어 풍 성우 연기 역시 듣는 재미부터 스토리를 따라가는 재미를 더해주고 있다.

지금도 많은 애니메이션 팬들은 블루스의 작품들에 대한 경의를 멈추지 않고 있다. (특히 중견 세대의 경우) 어린 시절에 보고 자란 추억이기도 하지만 어릴 적 봤을 때부터 성인이 된 지금 다시 봐도 그대로 느껴지는, 디즈니나 다른 미국 애니들이 주지 못하는 깊은 울림을 제대로 전하는 몇 안되는 마스터피스, 마스터 터치이기 때문이다. 이런 팬들부터 같이 감명 받은 다른 아티스트들 덕분에 블루스는 애니메이션 영화 외 뮤직비디오부터 비디오 게임에 이르기까지 활동 영역을 넓게 되었다. 지난 2015년 돈 블루스는 풀모션 비디오 게임이 등장하던 1981년도에 자신이 연출·제작한 인터랙티브 CD롬 게임 〈용의 굴〉(Dragon's Layer)의 장편 애니메이션화 기획을 발표, 크라우드 펀딩을 실시함으로써 15년 만의 복귀를 선언했다. 현재 그는 주연 성우로 '라이언 레이놀즈'를 캐스팅해 내년 개봉 목표로 제작을 하고 있는 중이라고 한다. '미야자키 하야오', '닉 파크', '헨리 셀릭'과 함께 현존하는 위대한 애니메이션 장인이 만수무강하길 기원하며 신작 〈용의 굴〉을 기대하는 바이다!

마법의 나라 오즈(1985)
: 동화 제국의 역습!

　누가 동화『오즈의 마법사』를 모를까? 미국 작가 'L. 프랭크 바움'이 써낸 이 동화는 '그림 형제', '한스 크리스찬 안데르센'의 글들과 함께 동화 문학계의 대표작으로서 아직까지 읽히고 있다. 그리고 영화 역사에서도 1939년 만들어진 고전 영화로 더 익숙하다. 지난 2020년 〈기생충〉(2019)이 석권하던 아카데미 시상식에서 영화 〈주디〉(2019)가 '르네 젤위거'에게 여우주연상을 안겨주면서, 그가 연기한 배우 '주디 갈랜드'와 그녀를 유명하게 해준

〈오즈의 마법사〉 영화가 재주목받기도 했다. 그만큼 『오즈의 마법사』는 문학계와 영화계에서 중요한 작품으로 받아들여지고 있다. 그러나 많은 이들이 모르는 사실이 있으니, 이 영화도 속편이 있다는 점이다.

아니, 2013년에 나온 '프리퀄' 〈오즈 그레이트 앤 파워풀〉을 말하는 것이 아니다! 46년 만인 1985년에 개봉된 〈마법의 나라 오즈〉(혹은 〈리턴 투 오즈〉)를 말하는 것이다. 초창기 역시 영화화를 위해 판권 분쟁에 가담했던 '월트 디즈니'사가 마침내 80년대 MGM으로부터 판권을 획득하면서, 새로운 〈오즈의 마법사〉 속편을 기획하게 되었다. 그 유명한 디즈니가 제작하고 유명 동화를 원작으로 한 아이와 어른 모두에게 사랑받는 알록달록 영화의 속편이라니, 당연히 더 아기자기하고 신나는 어린이 영화로 업그레이드되었길 기대하기 마련이다. 그러나 정작 디즈니와 제작진은 그 기대에 반하는 파격적인 방식을 선택했고, 그 결과 박스오피스 대신 컬트화로 이어지게 하는 계기가 되고 말았다.

〈오즈의 마법사〉로부터 6개월 후…. 캔자스로 돌아온 '도로시'는 신비의 나라 오즈가 있다고 말해주지만, 이모와 삼촌은 도로시가 회오리바람 사고로 정신이 나갔다고 생각한다. 결국 마을에 새로 지어진 병원에서 획기적인 치료법이 나왔다는 소식을 듣고 도로시를 데려간다. 오즈가 있다고 열심히 증명하려는 도로시의 이야기를 듣던 '월리 박사'는 그 말을 듣기보단 자신이 만든 기기를 소개하는 데 열중한다. 사람의 체내는 전기교류로 이뤄진다는 연구에 따라 머릿속 문제는 전기로 치료할 수 있다며, 사람 얼굴과 비슷하게 디자인한 전기충격 치료기(!)를 도로시 머리에 연결하는 월리 박사. 다행히 때마침 정전이 일어나 치료는 다음 날로 연기된다. 이윽고 도로시는 박사의 전기 치료에 시달리던 소녀와 함께 병원에서 탈출한다. 마침 폭풍우가 불어 범람한 강물에 떠다니는 작은 양계장을 뗏목 삼아 탄 도로시는 마침내 월리 박사 손아귀와 캔자스를 벗어난다.

떠내려가는 양계장 안에서 잠이 든 도로시는 누군가의 중얼거림에 깨어난다. 그것은 다름 아닌 자신의 농장 암탉 '벨리나'였다. 벨리나가 말을 할 수 있다는 건 오즈에 있다는 증거! 적어도 벨리나에게 자신이 옳았음을 증명해낸 도로시는 함께 에메랄드 시로 향한다. 과거 자신이 회오리바람을 타고 온 오두막집을 발견한 도로시는 그 주변에 널린 벽돌들이 에메랄드 시로 향하는 노란 벽돌길 조각들이라는 걸 깨닫는다. 그리고 그 박살난 노란 벽돌길의 흔적을 따라 마주한 것은 모두가 돌로 변하고 성마저 파괴된 멸망한 에메랄드 시! 의문도 잠시 양손, 양발에 바퀴가 달린 '수레인간(Wheeler)'들이 도로시를 잡으러 달려든다!

수레인간들을 피해 성 안에 갇힌 도로시는 함께 성 안에 오랫동안 서 있는 듯한 로봇을 발견한다. 그 옛날 허수아비가 에메랄드 시를 지키기 위해 만든 기병 로봇인 '틱톡'이었다. 틱톡 몸 위에 새겨진 안내에 따라 태엽을 감아 틱톡을 작동시키자, 도로시에 충성을 맹세한 틱톡은 수레인간들을 물리쳐준다. 한 수레인간을 심문해 '몸비 공주'라는 인물이 허수아비가 어디에 잡혀 있는지 알고 있다는 정보를 알아낸 도로시 일행은 몸비 공주를 만나러 간다. 몸비 공주는 충격적이게도 여자들의 머리를 잘라 수집해 생명의 가루(power of life)를 뿌리고 액세서리처럼 매 시간마다 머리를 바꿔 끼는 취미를 가진 인물이었다(`_`;;;). 도로시 앞에서도 새 머리로 갈아 끼우던 몸비 공주는 허수아비를 에메랄드 시의 모든 에메랄드와 함께 바위의 왕인 '노음 왕'이 가져갔다고 알려준다. 이어서 도로시의 머리를 탐내던 몸비 공주는 도로시가 어른이 될 때까지 감금한 뒤 그의 머리를 가져가겠다고 한다.

머리를 액세서리처럼 바꾸는 게 취미인 충격과 공포의 '몸비 공주'

몸비 공주에 의해 창고에 감금된 도로시는 그곳에서 살아 움직이는 호박머리 허수아비를 새로 만난다. '잭'이라는 이름의 호박머리 역시 오즈를 지키기 위해 만들어졌으나 오히려 몸비 공주에게 잡혀 혼자 오랫동안 갇혀 있던 신세. 자신에게 뇌가 없어 고민하던 잭은 그나마 남은 암기력(?!)으로 몸비 공주의 생명의 가루가 숨겨진 곳과 벽에 걸린 순록머리 '검프'가 생전에 노옴 왕이 있는 곳을 알고 있다는 정보를 알려준다. 곧 도로시는 감금에서 빠져나와 잭, 벨리나, 틱톡과 함께 검프의 머리를 소파와 묶어 몸통을 만들고 날개를 달아 탈출할 계획을 세운다. 셋이 검프의 몸을 만드는 사이 생명의 가루를 찾아 나선 도로시는 그가 숨겨진 캐비닛 안에 잠자고 있던 몸비 공주의 본래 머리(!!)를 깨우고 만다. 비명 지르는 머리들 속에서 머리 없는 몸비 공주에게 쫓기던 끝에 도로시는 가까스로 완성된 날개 단 검프에게 생명의 가루를 뿌리고 탈출을 시도한다. 과연 도로시와 일행은 사악한 노옴 왕으로부터 에메랄드 시를 구해낼 수 있을까…?

〈마법의 나라 오즈〉 역시 책이 원작이다. 〈오즈의 마법사〉가 성공을 거두어 출간된 시리즈 가운데 『The Marvelous Land of Oz』와 『Ozma of Oz』를 동시에 원안으로 만들어졌다. 1939년 〈오즈의 마법사〉 역시 속편 제작이 논의되었지만 첫 편 제작 당시부터 복잡한 특수효과에 따른 사건 사고 문제부터 (믿거나 말거나!) 그 막대한 제작비에 비해 개봉 당시 실패한 점을 문제 삼아 무기한 연기되고 말았다. 끝내 1980년대 디즈니가 만료된 판권을 MGM으로부터 새로이 얻어내면서 속편인 동시에 새로운 리부트로서 이번 영화가 만들어지게 된 것이다. 이번 영화를 제작하면서도 할리우드 최정예 제작진이 참여했다. 당시 〈스타워즈〉(1977~1983) 시리즈로 센세이션을 일으킨 제작자 '게리 커츠'가 프로듀서를 맡았고, 그에 따라 그 둘과 작업하였던 거장 '조지 루카스'와 '프란시스 포드 코폴라'도 공동 제작자로 나서주었다. 그리고 이들은 감독으로 자신들의 은인으로 삼는 '월터 머치'를 추천했다. 월터 머치는 코폴라의 〈대부〉(1971), 〈지옥의 묵시록〉(1979)

부터 루카스의 〈THX 1138〉(1971), 〈청춘 낙서〉(1973)를 편집 및 음향 믹싱을 해주었고, 이후에도 〈사랑과 영혼〉(1990), 〈리플리〉(1999), 〈콜드 마운틴〉(2003), 〈투모로우랜드〉(2015) 등 유명 영화들의 편집을 맡아 3차례 아카데미상을 수상한 유명 편집, 후반 작업 감독이다.

장르가 판타지이고 할리우드 대가들이 제작에 나선 만큼 특수효과와 미술팀 역시 할리우드 베테랑들이 뭉쳤다. 어린이 TV 쇼 〈세서미 스트리트〉부터 1980년대 여러 판타지 영화들에서 인형 및 애니매트로닉스 제작 작업을 해온 거장 인형술사 '짐 헨슨'이 영화 속 판타지 캐릭터들의 디자인을 맡아 모형 인형들을 만들고 조종하였다. 호박머리 잭은 전통적인 마리오네트와 로봇을 섞어서 움직이게 한 뒤 짐의 아들인 브라이언 헨슨이 성우를 하였고, 틱톡은 둥근 몸통 안에 체조선수가 몸을 굽히고 들어가 로봇 특유의 뒤뚱거리는 걸음을 표현하였다. 무시무시한 노옴 왕과 그의 움직이는 바위 군단들은 클래식한 찰흙 스톱모션 애니메이션으로 만들어졌다.

그 결과 특유의 거칠고 딱딱한 움직임으로 자연스레 무시무시한 효과를 내며 당시 아동 관객들에게 악몽을 심어줄 수 있었다.(;;) 이런 노고에도 불구하고 영화는 흥행 대참패를 경험하고 말았다. 말할 필요 없이, 도로시가 정신병원으로 끌려가 전기충격 치료를 받을 뻔하고 에메랄드 시가 멸망한 데서부터 머리를 바꿔 끼는 몸비 공주, 기괴한 수레인간들, 스톱모션 효과로 혐오스레 움직이는 노옴 왕 군단의 비주얼 등이 아동 관객부터 전편의 동심을 기억하던 어른 세대에게까지 충격을 주었기 때문이다.

　실제로 사전 정보 없이 전편을 염두에 둔 상태에서 영화를 본다면 충분히 쇼크 받을 수 있을 것이다. 심지어 유명 평론가 '진 시스켈'과 '로저 이버트' 역시 극중 아역 캐릭터를 위험한 상황에 빠뜨리고, 아이들을 위한 영화치곤 너무 어둡다며 1985년도 최악의 영화 중 한 편으로 꼽기도 했다. 80년대 디즈니는 (지금 트렌드와는 천차만별 다르게) 애니메이션 〈타란의 대모험〉(1985)부터 〈트론〉(1982), 〈이상한 실종〉(1983)까지 어두운 판타지, SF물을 만들어가며 가족영화의 한계를 시도했지만, 천진난만한 디즈니의 기존 이미지를 기억하는 관객들은 결코 친절하지 않았다. 90년대 〈인어공주〉, 〈미녀와 야수〉로 흥행을 구제받기 전까지 이 시기를 영화팬들은 '디즈니의 암흑기(Disney's dark age)'라고도 불렀다.

〈마법의 나라 오즈〉는 당시 디즈니에게 큰 산업적 손해를 주고 월터 머치 감독에게도 유일한 연출작으로 남게 만들었지만, 1990~2000년대부터 홈비디오를 통해 어릴 적 이 영화에 충격 받았던 키덜트 세대에게 재평가받으며 컬트화되기 시작했다. 보통 디즈니 애니메이션들을 포함해 기존의 동화원작 영화들이 시간이 지나면서 어른이 된 당시 세대에게 다시 어필받기 어려워지기 마련이다. 〈오즈의 마법사〉도 사실 마찬가지. 30년대 만들어진 영화를 지금 다시 본다면 촌스럽고 판타지라는 이유로 쉽게 넘어가는 장면들도 있으며, 백인 우월주의적 요소들도 다분히 느껴질 수 있을 것이다.(물론 당시 기술들을 총동원해 혁신적인 영화로 만들어낸 공은 인정한다!) 그러나 〈마법의 나라 오즈〉는 아동 관객과 전형적인 동화영화 컨벤션에 의지하지 않고 어두운 만큼 더 강렬한 비전을 선보이며 동화 판타지물의 새로운 가능성을 선보였다. 그렇기에 지금의 어른 세대 혹은 키덜트 세대에게도 유치하게 다가오지 않고 진중하게 어필 받을 수 있는 동화 판타지 영화로서 재주목받을 수 있었을 것이다.

동시에 영화는 동심과 어른들 간의 갈등이라는 철학적 고민도 던져준다. 초반 도로시의 이야기에 아랑곳하지 않고 귀여운 얼굴처럼 디자인된 전기 충격 치료기를 소개하려 안달이 난 월리 박사와 그의 수석 간호사를 연기한 배우들이 오즈에서 노옴 왕과 몸비 공주로 1인 2역 출연해 표현된 것이 그 점이다. 오즈에서도 도로시의 절박한 요청에 귀 기울이지 않고 자신들의 권력과 아름다움을 위해 반칙까지 쓰며 위험으로 몰아넣은 노옴 왕 일당들은 현실에서의 월리 박사와 그의 과학에 대한 맹신을 연상케 해준다.

결국 영화는 과학과 이성으로서 어른들의 권력이 아이들의 상상력을 틀어막으려는 폭력성에 대한 경고로서도 다가온다. 이러한 관점에서 본다면, 영화는 지금 똑같이 남녀노소 즐기는 〈해리포터〉(2001~2011)나 〈반지의 제왕〉(2001~2003), 〈헝거게임〉(2012~2015) 시리즈의 선조격이라 표현해도 과언은 아닐 것이다. 이들 모두 우리가 사는 현실을 거울 비추듯이 반영한 판타지 세계이기 때문이다.

그러나 무엇보다 이 영화가 건져낸 성과는 주디 갈랜드에 뒤이어 도로시를 훌륭하게 연기해낸 배우 '페어루자 벌크'를 발견한 점일 것이다. '드류 배리모어', '줄리엣 루이스'를 제치고 도로시를 연기하게 된 10살 소녀 벌크는 기괴한 판타지 세계 속의 주인공이자 기존의 나약했던 주디 갈랜드를 뛰어넘어 용감히 위험에 맞서는 여전사급 도로시를 훌륭하게 연기했다. 영화 속에서는 공포스런 상황에 휘말렸지만, 다행히 본인은 친절한 스텝진과 기발한 세트 속에서 재밌게 촬영하였다고 회고했다. 이후로도 그녀는 똑같이 컬트 판타지 명작이 된 〈크래프트〉(1998)부터 시작해 〈워터보이〉(1998), 〈아메리칸 히스토리 X〉(1998), 〈올모스트 훼이머스〉(2000), 〈악질 경찰〉(2009) 등에 출연하며 할리우드 독립영화계의 스타가 되었다. 그 외에도 그녀는 사진작가이자 화가로서도 활발히 활동하고 있다.

'다크 판타지'라는 장르의 '신세계'를 창조하고자 했던 〈마법의 나라 오즈〉의 야심은 현대의 판타지 장르의 시금석이 되어주었다고 현대의 컬트팬들과 평론가들은 평가한다. 특히 거의 모든 특수효과를 CG로 처리하는 지금과 달리 실물 인형과 로봇, 편집의 마술로 진짜 살아 숨 쉬는 듯한 볼거리들이 이 작품의 큰 매력이다. 『오즈의 마법사』동화와 영화팬들에게 원작의 세계관이 어떻게 확장되는지를, 또 새로우면서 조금은(?) 어두운 판타지를 보고픈 영화팬들에게 이 영화를 추천한다. 기괴하고 무섭더라도, 충분히 잠들어 있던 동심이 다시 살아날 수 있을 것이다! 사실 어릴 적 읽은 동화들에서도 한 번쯤 무서웠던 순간이 있지 않았는가? 그에 비하면 〈마법의 나라 오즈〉는 별거 아닐 게다.

2장

가자, 광란의 롤러코스터로!
: 액션

슈퍼 마리오 더 무비(1993)
:죽기 살기로 까무러치기!

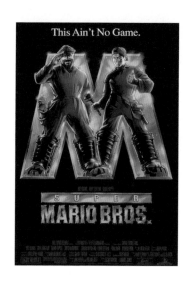

재미 삼아 선정되는 '역사상 최악의 영화 리스트'가 있기 마련이다. 〈외계로부터의 9호 계획〉(1959), 〈배트맨과 로빈〉(1997), 〈스타워즈 에피소드 1:보이지 않는 위험〉(1999), 〈배틀 필드〉(2000)까지 인터넷을 떠도는 쟁쟁한(??) 리스트들을 살펴보다 보면 유독 눈에 띄는 이름 하나를 발견할 수가 있을 것이다. 바로 30년 넘게 세계적인 인기를 얻고 있는 명작 게임 "슈퍼 마리오(Super Mario Bros.)"다! 그렇다! 그 유명한 〈슈퍼 마리오〉도 이미

할리우드에 의해 영화화된 적이 있었다. 그리고 믿거나 말거나, 〈툼 레이더〉(2001), 〈레지던트 이블〉(2002), 〈사일런트 힐〉(2006), 그리고 최근의 〈수퍼 소닉〉(2020)에 이르기까지 게임을 원작으로 한 영화 사례 중에서 이 작품이 그 최초이다! 이에 놀라는 이들이 있을 것이다. 그 유명한 게임 〈슈퍼 마리오〉를 원작으로 한 영화가 이미 있고 그것이 최초의 게임 원작 영화라니 대성공감인데, 어떻게 최악의 영화로 평가받으며 지금처럼 잊힐 수 있었을까? 사실 그 이유에는 악몽 같은 배경들이 있었다.

1980년대, 가정용 8비트 비디오 오락 게임기 '닌텐도'가 세계적인 인기를 끌고 있었다. 그리고 그 선두에는 단순하면서도 재미있는 게임 플레이와 동화적인 설정으로 성공한 〈슈퍼 마리오〉(1983)가 선두에 있었다. 한편 할리우드에서는 새로운 흥행 영화 소재로 대중적인 만화와 게임에서 찾고 있었다. 그렇게 〈트론〉(1982), 〈위험한 게임〉(1983) 등 게임을 소재나 설정으로 삼은 영화 제작이 시작되었고, 곧 당연히 〈슈퍼 마리오〉 영화화도 도마에 올랐다. 마침내 영화화 판권을 따낸 영화사는 〈미션〉(1986)의 거장 '롤랑 조페' 감독의 영화사 '라이트 모티브'였다. 조페 감독은 당시 애니메이션으로 승승장구하고 있던 디즈니 계열의 '할리우드 픽쳐스'와 합작해 총 제작을, 〈토탈 리콜〉(1990), 〈터미네이터2〉(1991), 〈클리프행어〉(1993) 등 성공적인 SF 및 액션물을 만들어온 '캐롤코 픽쳐스'에 프로덕션을 맡기며 본격적인 기획이 시작되었다.

이만하면 화려한 거대 프로젝트였지만, 감독 캐스팅에서부터 난항을 겪기 시작한다. 여러 감독들이 연출을 거절하던 끝에 사이버펑크 TV 시리즈 〈맥스 헤드룸〉(1987~1988)으로 주목받은 영국 출신 부부 감독 '록키 모튼' 과 '애나벨 잔켈'이 영화의 연출을 맡게 되었다. 그리고 이 두 감독은 영화 화에 있어 제작사에 파격적인 제안을 제시한다. 흥행 대기록을 세운 팀 버 튼의 〈배트맨〉(1989)과 이듬해 개봉하여 역시 성공한 〈닌자 거북이〉(1990) 가 그랬던 것처럼, 어두운 분위기에 성인들도 즐길 수 있는 청소년-키덜 트 스타일로 〈슈퍼 마리오〉를 각색하자는 것이다. 영화 내용을 설명하기 에 앞서 (이미 모두가 알고 있을) 원작 게임의 스토리부터 잠깐 되짚겠다. 버섯왕국의 '피치 공주'가 용거북 악당 '바우저'에게 납치당하고, 왕국의 배 관공 용사 '마리오'와 '루이지' 형제가 악한 버섯 '굼바'와 '거북이'들을 해치 우며 파이프 미로 속을 헤맨 끝에 공주를 구해낸다. 단순하지만 2차원 횡 방향 액션 게임으로서 즐길 만하게 명료한 스토리이다. 아마 감독들 말고 도 제작자들도 이 단순한 스토리를 어떻게 영화적으로 각색할 것인지 고민 했을 게다. 그렇게 모튼-잔켈 부부 감독이 새롭게 내세운 스토리는 다음과 같다.

영화는 6천 5백만 년 전부터 시작한다. 우리는 6천 5백만 년 전에 초거대 운석이 지구와 충돌하여 대규모 먼지구름으로 인한 빙하기로 지구상의 공 룡들이 모두 멸종한 사실을 알고 있다. 그러나 만일 운석 충돌이 오히려 지 구를 둘로 나누면서 두 개의 평행 세계가 이루어지고, 한 세계는 공룡이 멸 종하고 포유류가 살아남아 인류로 진화한 우리의 세계로, 다른 세계는 공 룡들이 멸종하지 않고 살아남아 똑같이 지능이 있는 인간형으로 진화해 자기들 나름 문명을 건설한 세계가 되었다면…?이라는 것이 영화의 배경이다. 원작 게임의 열성팬들이라면 여기서부터 불길한 징조를 느낄 것이다.

현재의 뉴욕 브룩클린. 영화는 주인공 '마리오'와 '루이지' 형제를 보여준다. 그들은 게임에서처럼 캐릭터 콘셉트로서가 아닌 생계를 위해 일하는 진짜 배관공으로 등장한다. 둘은 도심 지하공사 중에 발견된 공룡 화석을 연구하고자 공사 중지 집회를 열고 있는 여대생 '데이지'를 만난다. 데이지에게 반한 루이지는 그녀에게 데이트 신청을 한다. 친해지게 된 둘은 곧 문제의 공사 현장 화석을 보러 간다. 공사 재개를 노리던 기업의 공작으로 파이프가 터져 발굴 지역이 침수될 위기에 처한다. 루이지가 마리오를 불러 함께 파이프 수리를 하던 중에 데이지가 괴한들에게 납치당한다. 데이지의 목소리를 따라 그녀를 찾던 둘은 데이지가 바위 속으로 빨려 들어가는 희한한 광경을 목격한다. 루이지가 필사적으로 구해보려 하지만 데이지의 목걸이만 건진다. 마리오 형제는 의심 속에 바위를 향해 뛰어들어본다. 놀랍게도 늪에 빠지듯 바위 속으로 빨려 들어간 둘은 반대편 세계로 도착한다. 그렇게 도착한 곳은 자신들이 사는 뉴욕과 비슷하지만 전혀 딴판의 도시였다.

마치 거미줄 같은 곰팡이가 도시 전체를 뒤덮고 있고, 사람들은 도마뱀 같은 비늘 피부와 얼굴을 한 채 무차별 폭력과 기물 파손을 일삼는 무법천지를 이루고 있다. 심지어 멸종했어야 할 공룡들이 마치 애완동물이나 들개들처럼 돌아다닌다. 둘은 이 혼란스런 도심 속에서 데이지를 찾아 헤매다 로켓처럼 발사되는 급속 신발을 신은 거구의 여성에게 데이지의 목걸이를 도둑맞는다. 자포자기하던 그때 갑자기 형제는 경찰에게 체포되는데, 황당하게도 모든 배관공들에게 수배 지령이 떨어졌다고 한다. 브레이크가 없는 대신 거대한 안테나가 달린 엽기적인 경찰차로 연행된 마리오 형제는 도심의 지도자인 '쿠파'와 만난다. 쿠파는 과거 평화롭던 '다이노-하탄 (Dino-Haton)' 왕국을 자신이 개발한 '급속 퇴화(de-evolve)' 무기로 쿠데타를 일으켜 공화국이라는 이름 하의 독재 정권을 새운 인물이다.(심지어 자신이 공룡 중의 폭군 '티라노사우르스' 인간형이란다.)

마리오 형제가 자신의 목적인 목걸이를 가져갔다는 소식에 둘을 체포해 온 쿠파는 목걸이를 내놓으라 하지만 이미 그를 도둑맞은 마리오 형제는 그를 내줄 리 없다. 그를 믿지 않는 쿠파는 본보기로 함께 체포한 저항 음악가 '토드'(?!)를 자신의 퇴화 무기로 지능 낮은 파충류 노예 굼바(?!?)로 만들어 보인다. 이에 분노한 마리오 형제는 반격을 시도해 경찰차로 탈출한다. 열쇠로 시동을 거는 대신 옛날 코모도어 컴퓨터 기기로 패스워드 입력하듯 시동을 걸고, 보닛 위에 슈퍼차저를 연상시키는 기기 장치와 거대한 안테나에서 강렬한 스파크를 튀기며 출발하는 다이노-하탄 경찰차. 경찰들과의 추격전에서 따돌린 둘은 결국 길을 잘못 들어 금지구역인 사막으로 떨어진다. 한편 데이지는 쿠파와 그의 애인 '레나'로부터 자신이 과거 왕국의 공주라는 정체성을 깨닫는다. 이어서 자신의 어머니인 왕비가 갓난 알(?!) 속 자신을 구하기 위해 인간 세계로 와 알을 맡기고 쫓아온 쿠파를 막으려다 죽었고, 아버지인 왕은 버섯균으로 퇴화되어 겨우 살아남아 있다는 사실도 알게 된다.

그 사이 마리오 형제는 쿠파의 수하 '이기'와 '스파이크'를 잡고 심문한다. 그렇게 듣게 되는 쿠파의 음모. 데이지의 목걸이는 사실 6천 5백만 년 전 지구와 충돌했던 운석의 파편이고 그를 차원이동을 했던 동굴 속 운석 자리에 되돌려놓으면 두 세계를 합칠 수 있다고 한다. 쿠파는 그 운석 파편을 통해 갈라진 두 지구를 다시 합쳐 전 지구를 지배하고자 했던 것이다. 데이지를 구하기 위해 마리오 형제는 목걸이와 공주를 서로 교환하자는 계약을 맺고 도시로 돌아간다. 그 전에 먼저 거구의 여인 '빅버사'로부터 빼앗긴 목걸이부터 되찾아야 한다. 나이트클럽에서 춤으로 빅버사를 유혹한 사이 목걸이를 되찾는 데 성공하지만, 이내 굼바 군단이 습격을 해온다. 다행히 빅버사의 도움으로 로켓 신발을 이용해 탈출한 마리오 형제. 우연히도 쿠파의 요새인 거대 탑(뉴욕 세계무역센터를 모델로 함;;;)에 도착한 둘은 건물 지하 보일러실에서 보일러를 꺼 건물 온도를 낮춰 혼란을 준 틈을 타 데이지를 구출할 작전을 세운다.

드디어 원작에서처럼 빨강, 녹색 보일러 수트를 입고 출동하는 마리오 형제!

이런 영화 있는 줄 몰랐을 걸???

지금까지 스토리만으로도 영화는 수많은 문제적 요소들을 내보이고 있지만, 하나하나 살펴보도록 하겠다. 먼저 원작 게임과 전혀 연관되지 않는 충격적인(?) 비주얼이다. 원작의 동화 같은 정감어린 버섯왕국 대신 짐승처럼 야만적인 공룡들과 파충류 인류가 지배하는 곰팡이로 뒤덮인 다이노-하탄 도시의 비주얼은, 〈슈퍼 마리오〉보단 〈블레이드 러너〉(1982)나 〈뉴욕 탈출〉(1981)을 연상시킨다. 아동용 게임의 아기자기하고 컬러풀한 비주얼을 천차만별의 어둡고 음침하며 공포스러운 디스토피아적 대도심으로 바꿔놓았다는 점에서부터, 게임의 열성 팬들과 게임의 주 이용층인 아동 관객들이 얼마나 쇼크 받았을지 상상하기 어렵지 않을 것이다.(참고로 영화는 미국에서 PG(우리나라로 7세 혹은 12세 관람가) 등급으로 개봉했다. 잔인한 폭력이나 욕설이 없기 때문이다. 물론 애초부터 아동 관객을 겨냥했다.)

여기에 보닛부터 트렁크까지 쓸데없이 스파크가 튀는 자동차 디자인부터 정신없이 몰아치는 과장된 액션 신들도 〈슈퍼 마리오〉보단 〈매드 맥스〉 시리즈(1979~2015)를 연상시킨다. 아니나 다를까, 이 영화의 미술감독 데이빗 R. 스나이더는 〈블레이드 러너〉의 아트 디렉터 출신이고, 촬영감독 딘 세뮬러도 〈매드 맥스2:로드 워리어〉(1981) 촬영감독 출신이다. 원작 게임에 언급도 없던 공룡이란 소재도 마찬가지. 마침 영화가 제작되던 1990년 초반 미국에서는 영화부터 TV까지 '공룡'을 소재로 한 작품이 열풍을 일으키고 있을 때였다. 〈슈퍼 마리오〉도 공룡이라는 소재를 억지로 끼워 맞춤으로써 트렌드에 합류를 시도해보았지만 오히려 관객들에게 생경함만 안겨주었다. 또 마침 이 시기 스티븐 스필버그도 〈쥬라기 공원〉(1993)을 만들고 있었기에 〈슈퍼 마리오〉 개봉 2주 뒤 나란히 개봉했다. 결과는 당연히 〈쥬라기 공원〉의 완승이었다.

두 번째는 화려한 캐스팅이 무색하게 만드는 캐릭터 설정이다. 주인공 마리오는 〈모나리자〉(1986)로 칸 영화제 남우주연상을 받고 〈누가 로저 래빗을 모함했나〉(1988), 〈후크〉(1991)를 통해 대중적으로도 유명한 '밥 호스킨스'가, 루이지는 훗날 〈로미오와 줄리엣〉(1996), 〈물랑루즈〉(2001)로 연기파 스타가 되는 '존 레귀자모'가 연기했다. 데이지 공주 역에는 하이틴 스타인 '사만다 매티스'가, 악당 바우저로서 쿠파 역에는 메소드 액팅 대배우 '데니스 호퍼'가 연기했다. 이 정도면 초호화 캐스팅임에도, 정작 영화는 이들이 맡은 캐릭터들을 천차만별로 재설정해놓았다. 그 가운데 압권은 '쿠파'로 이름이 바뀐 바우저다.(당시 미국에 출시된 원작 게임 설명서를 보면 "바우저, 쿠파 중의 왕"이라고 기재되어 있다. 아마 제작자들은 쿠파라는 이름이 더 위협적으로 느껴져 사용한 듯하다.) 더 이상 원작에서 볼 뿜는 무시무시한 용거북이 아닌 4갈래 괴상한 헤어스타일에다 검은 가죽 양복을 입고 다니는 신경질적인 탐욕스런 비즈니스맨 외양으로 바뀌어 있다.

심지어 마리오 형제와 처음 만나는 장면에서는 파란 양복과 붉은 넥타이를 맨 모습으로 등장하는데, 그 모습이 훗날 미국 대통령이 되는 '도날드 트럼프'를 연상시킨다.(심지어 도시 곳곳의 "쿠파에게 투표하라"는 문구까지 눈에 띈다.) 80년대 대통령으로 당선되기 전부터 젊은 도날드 트럼프가 경제와 정치까지 뒤흔드는 월스트리트 갑부로 떠오르면서 여러 영화에서 그를 본떠 풍자되어지곤 했는데 〈슈퍼 마리오〉도 그에 편승한 셈이다. 주인공 마리오 형제도 멀쩡해 보이지 않는 건 마찬가지. 서로 형제라 부르지만, 루이지가 어릴 적부터 마리오가 버려진 자기를 키워왔고 아버지와 같은 존재라 설명한다는 점에서 형제보단 부자 관계에 더 가까워 보인다. 그렇게 둘의 관계가 애매하다는 점에서 실제로 게임 팬들 사이에서는 민감한(?) 논쟁이 일기도 했다. 또 앞의 스토리 설명에서도 '루이지'의 이름이 많이 등장한 만큼 실질적인 주인공은 정작 마리오가 아닌 루이지다.

마지막으로는 황당무계하게 허술한 스토리다. 지구가 운석 충돌로 두 개의 세계로 나뉘고 공룡들이 진화해 문명을 세운 배경은 SF 판타지 장르상 넘어갈 수 있으나, 스토리 전체적으로 앞뒤 안 맞는 설정과 무심한 전개들로 넘친다. 그러다 보니 영화를 보다 보면 혼란스러워 질문이 터져 나오지 않을 수 없다. 끔찍한 모습으로 묘사된 '굼바'가 된 '토드'는 어째서 다른 굼바들과 달리 선한 본성을 유지해 공주를 돕는가? 쿠파는 권력을 잡은 무기인 급속 퇴화 기술을 또 어떻게 발명해낸 걸까? 사건의 발단이었던 '이기'와 '스파이크'는 왜 갑자기 주인공들에게 동조하게 되었는가? 이 세계의 자동차들은 보닛과 안테나에서 위험하게 스파크가 튀고 브레이크도 없이 디자인된 이유는 또 뭘까?(마리오 형제도 처음부터 그 차를 쉽게 운전한다;;)

거의 만화에 가까운 넌센스로 쉽게 해결되는 설정들도 눈에 띄는데, 게임과 똑같은 디자인으로 등장한 절체절명의 무기 '포폭탄(Ba-Bomb)'의 활약은 '데우스 엑스 마키나'(deus ex machina : 우연에 의한 해결)에 가깝다.

어째서 대규모의 제작비를 들인 영화의 전개가 허술한 것일까? 사실 영화는 촬영 중에도 매일 시나리오가 수차례 바뀌었다고 한다. 그만큼 매 촬영마다 대사와 스토리가 바뀌게 되었고, 그 결과 당연히 감독과 배우, 프로듀서들과 스텝진 사이에서 갈등이 끊이지 않았다. 록키 모튼, 애나벨 잔켈 감독은 자신들의 콘셉트대로 더 어둡고 박력 있는 액션 스타일로 영화를 만들길 원했으나 확실히 아동 관객에게 맞춘 영화를 원했던 제작사와 촬영 내내 싸웠다고 한다. 결국 참다못한 감독들은 촬영 막바지에 도중 하차했고 나머지를 촬영감독 딘 세뮬러가 대신 마무리하였다고 한다. 배우들 역시 매번 바뀌는 시나리오와 거친 촬영에 불만이 많았고, 훗날 이구동성으로 〈슈퍼 마리오〉가 자신들 커리어 중 최악이라며 인터뷰하기까지 하였다.

이쯤까지 읽으면 이런 질문을 하게 될 것이다. 이토록 수많은 치명적 문제들을 열거하였는데 왜 이 영화를 컬트 명작으로 소개하고 있는가? 이렇게 말할 수 있을 것이다. 이후에도 〈D.O.A〉(2006), 〈맥스 페인〉(2008), 〈어쌔신 크리드〉(2016), 그리고 〈수퍼 소닉〉(2020)까지 게임을 원작으로 한 블록버스터 영화들이 줄줄이 나왔으나 대다수가 실패를 경험했다. 단순히 흥행 문제가 아니라 원작 게임 팬들에게마저 손절당하기까지 했다. 그 주된 이유는, 원작 세계관을 충실히 재현하지 못하는 것도 문제이거니와 직접 플레이하는 게임이라는 매체에서 스크린으로 감상하는 영화 매체로 바꾸는 과정상 그 특유의 재미를 쉽게 놓치게 되기 때문이다. 물론 매체 자체가 바뀌니 당연한 한계겠지만, 여기에 대다수의 제작사가 그 명성에만 기대 비주얼과 스토리만 그대로 만들면 장땡이라고 생각하는 경우도 많았다. 그러니 영화로 옮겨진 결과 일반 관객들에겐 낯설어 보이고 게임 팬들에게는 원작을 파괴했다며 강한 반발을 샀다.

이런 한계상에서 〈슈퍼 마리오〉는 매우 파격적인 선택을 택한 것이다. 굳이 원작 게임에 얽매이지 않고 새로운 세계관을 창조하되, 그러면서 원작의 설정들을 소품 등으로 자그맣게 차용해 팬들까지 즐겁게 만드는 요소들을 전개해나간 것이다. 실제로 여러 곳에서 원작 게임에서 따온 점들을 찾아볼 수 있다. 특히 클라이맥스에서 마리오가 로켓 신발로 철제 다리 사이를 이리저리 뛰어넘으며 화염방사기를 쏘는 쿠파와 대결하는 장면은, 불 뿜는 바우저의 공격을 이리저리 피하며 싸우는 원작의 마지막 스테이지와 매우 유사한 액션을 연출한다. 여기에 영화 후반 등장하는 원작과 딱 맞게 디자인된 붉은색, 녹색 의상과 모자 보일러 수트, 인간 캐릭터로 등장하지만 〈슈퍼 마리오3〉 게임에서 괴물들로 등장했던 '이기', '스파이크', '빅버사' 등의 조연 캐릭터 이름부터 일부 쿠파의 성 내부 디자인도 〈슈퍼 마리오 3〉의 바우저 성 내부 디자인과 닮아 보인다. 심지어 CG가 아닌 애니메트로닉스로 움직이는 아기 티라노 '요시'도 볼 수 있다!

영화를 여러 번 다시 보면 볼수록 참여한 각기 분야 아티스트들의 노고와 번뜩이는 아이디어들이 눈에 들어온다. 음침하더라도 실감나는 평행 세계의 '다이노-하튼' 세트부터, 기상천외한 무기와 차량 디자인들은 홍보용 장난감으로 판매한다면 바로 구매하고 싶게 만든다. 특히 클라이맥스를 장식하는 마리오 형제의 원작 그대로의 보일러 수트 의상도 역시 게임을 하며 자라온 입장에서 흥분하게 만든다. 여기에 '몰핑 그래픽 효과(Morphing Graphics Effect)'가 대대적으로 사용된 점도 주목할 만하다. '제임스 카메론' 감독이 〈어비스〉(1989), 〈터미네이터2〉(1991)에서 캐릭터 형태를 자유자재로 변화시키는 비주얼을 선보이며 영화계에 충격을 던져준 몰핑 그래픽스는 〈슈퍼 마리오〉에서 쿠파의 퇴화 무기 장면들을 통해 대대적으로 사용되어졌다. 지금 보면 많이 어색하고 〈터미네이터2〉보다 퀄리티가 인상적이지 않은 것도 사실이지만 당시 할리우드 내에서 꽤 화제가 되었다. 필자 입장에서도 파충류, 유인원으로 퇴화시키는 몰핑 그래픽들에서 공포스러움을 느꼈던 만큼 효과적이었다고 생각한다.

물론 원작과 천차만별 다르다며 울부짖는 팬들의 원성도 이해는 간다. 그러나 애초 원작이 너무 판타지스러웠던 점을 염두에 둘 때, 애니메이션이 아닌 실사화인 이상 원작 그대로 각색했다면 상태가 더 심각했을지 모르겠다. 그렇기에 원작 스토리를 가능한 무시하면서도 깨알 같은 재미 요소들을 숨은 그림 찾기처럼 심어놓으며 원작 팬부터 일반 대중까지 다층적 관객들에게까지 맞추려 한 이 시도야말로, 당시로서 이상적인 〈슈퍼 마리오〉 영화화 전략이었을 거라 믿는다. 심지어 이후 〈레지던트 이블〉과 〈사일런트 힐〉도 원작의 비주얼을 따왔으나 인물 캐릭터들의 설정과 관계를 새롭게 재구성하는 똑같은 전략을 선택해 원작 팬들부터 게임을 해보지 않은 일반 관객들까지 쉽게 빠져들 수 있게 하여 시리즈로 성공할 수 있었다. 그렇기에 필자 입장에서는 영화화 각색 불모지였던 게임을 파격적인 방식으로 처음 해낸 이 영화를 의견이 어떠하든 절대 실패작이라 생각하지 않고 진심으로 사랑한다. 그런 점에서 〈슈퍼 마리오〉 게임 시리즈를 사랑하는 이들에게, 또 80~90년대 SF 액션 장르를 사랑하는 이들에게, 그리고 나처럼 새로운 장르를 찾아 헤매는 컬트영화 팬들에게 영화를 추천하는 바이다.

(여담1 : 영화에 흥미를 가지게 되었다면, 영화의 팬사이트(http://www.smbmovie.com) 역시 방문해보기를 추천한다. 제작 과정 사진과 세트 디자인 등이 아직까지 공개되어 있다.)

(여담2 : 영화의 음악만큼은 훌륭하다. 그럴 수밖에 없는 게 〈백투더 퓨처〉(1985)부터 〈어벤져스〉(2012)까지에서 음악을 맡은 '알란 실베스트리'가 음악 감독을 맡았고, 'Megadeth'부터 'Roxette'까지 당대 메탈 아티스트들도 삽입곡을 제공해주었기 때문이다. 그 점에서 OST만큼은 확실히 추천한다!)

살인의 낙인(1967)
: 그 옴므파탈 흉포하다!

김지운 감독 : "가만히 보면 B급 작가주의 일본영화에 대한 관심은 모두 스즈키 세이준에 의해 비롯되었다."

오승욱 감독 : "그의 영화에는 싸구려 액션 감독들이 흔히 가지는 A급 영화에 대한 콤플렉스를 날려버리는 유쾌함이 보여 좋다."

김봉석 문화평론가 : "그는 유희 정신과 의도적인 왜곡으로 완고한 현실을 돌파했다."

하스미 시게히코 영화평론가 : "최초이자 최후의 일본영화 바깥의 사람."

위의 말들은 지난 2017년 세상을 떠난 일본의 거장 '스즈키 세이준'를 향한 국내외 감독, 평론가들의 헌정사이다. 영화광들이라면 특히 일본영화사(史)에 관심이 있다면 '구로자와 아키라', '오즈 야스지로'와 함께 그의 이름을 한 번쯤 들어봤을 게다. 두 거장이 일본영화를 세계적으로 대표하던 1950~1960년대, 변방인 B급 영화계에서 스즈키 감독은 주로 야쿠자 액션부터 뮤지컬 코미디, '로망 포르노'라 불린 아티스틱 에로물을 1년에 3편 이상씩 꾸준히 연출해갔다. 그러나 그렇게 만든 그의 영화들은 단순히 액션이 화끈하거나 야하지 않고 타의추종을 불허하는 상상력과 실험적인 미장센으로 관객들부터 평단계의 눈과 귀를 사로잡았다. 사실 눈과 귀를 사로잡았다는 표현은 좋은 뜻이 아니라 아연실색하게 만들었다는 뜻이다. 그의 영화들은 정통 장르적이었다기보다는 장르 파괴적이었고, 혁신적이었다기보다는 실험적이었으며, 대중적인 서사는 거의 버리다시피 하고 충격적이거나 미학적인 이미지를 나열해나갔다. 그래서 그의 영화들은 당시 주요 관객들과 평론가들로부터 혹평을 받았음에도 변방에서 조금씩 인기를 얻어갔다.

주변의 시선에도 포기하지 않고 〈우리들의 피가 허락하지 않는다〉

(1964), 〈육체의 문〉(1964). 〈카와치 카르멘〉(1966), 〈동경 방랑자〉(1966), 〈지고이네르바이젠〉(1980), 〈유메지〉(1991), 그리고 유작 〈오페레타 너구리 저택〉(2005)까지 만들면서 당시까지 진부하거나 양식적인 일본영화에 새로운 영상미학을 불어넣었다. 그 도전정신은 시대를 거치면서 수많은 팬들을 양산시켰고 그들 중에는 '박찬욱', '김지운', '류승완', '봉준호'와 같은 국내 거장들부터 '쿠엔틴 타란티노', '로버트 로드리게즈', '오우삼', '왕가위', '데이빗 린치' 등 세계적인 거장들도 포함되어 있었다. 그리고 역시 그들도 그의 영화들에 오마쥬를 바치며 그의 스타일을 따라 하고 모방해보려 급급하기까지 했다. 아흔의 나이까지 멈추지 않는 창작력으로 다작을 해온 그답게 50편의 극영화 필모그래피(TV 연출까지 더하면 더 많다!)에서 대표작 역시 꼽으라면 한두 편 쉽게 뽑을 수 없겠지만, 그의 이름을 일본 전역부터 세계적으로 알린 영화 한 편을 꼽으라면 1967년에 발표한 〈살인의 낙인〉일 것이다. 이 에너지 넘치는 '에로틱 블랙코미디 액션물(?)'은 실험적인 영상과 파격적인 캐릭터 연출로 그에게 영광과 함께 고통 역시 준 영화로 영화사에 기록되었다.

총소리와 블루스 리듬의 노래로 시작하는 비장한 오프닝에 이어서 소개되는 살인청부업자로 활동하는 주인공 '하나다'. 실력에서는 내로라하는 프로페셔널이자 미모의 아내까지 있지만, 그런 그에게도 콤플렉스가 있다. 그래봤자 자신은 킬러계에서 넘버3이라는 거. 그나마 조직의 중요 인사 호위중 습격한 넘버2 '사쿠라'를 해치워내 그 자리를 꿰차지만, 철저히 신분을 감춰 살아 얼굴조차 알려지지 않은 전설적인 넘버1 '유령'은 그 이름밖에 모른다. 하나다는 그런 분한 심정을 달래려 하루하루 바에서 술이 아닌 쌀밥 짓는 냄새 한 모금(?!?)으로 스트레스를 푼다. 그럼에도 하나다에게 청부는 계속된다. 1초 만에 여닫히는 지포라이트 자동 옥외간판 속에 숨어서 순식간에 목표물을 저격하는 데 성공하고, 세면대 배수로 파이프를 통해 순식간에 헤드 샷을 날리는 등 전문 킬러다운 기상천외한 방법들로 임무를 완수한다. 그럼에도 아직까지 넘버3 실력이라며 조직에서 무시 받는 현실은 차마 부정할 수가 없다. 그 괴리감과 권태감에 그는 역시 자신을 무시하는 아내를 짐승처럼 다루면서 혼자 쌀밥 냄새에 취하는 것밖에 할 수 있는 일이 없다.

그러던 비오는 어느 날, 차가 고장 나서 하나다는 한 미녀에게 히치하이킹을 부탁한다. 폭우가 쏟아지는데도 오픈카 루프를 열어둔 채 대놓고 비를 맞으며 운전하던 중 하나다는 미사코로부터 '죽는 것이 희망'이라는 황당한 소릴 듣는다. 하나다가 살인청부업자라는 걸 안 미사코는 자기도 살인을 청부한다. 지정된 장소와 시간으로 외국인 한 명을 유인할 테니, 단 3초 안으로 암살해 달라는 청부였다. 그녀가 잡아준 방에서 타깃을 기다리던 하나다. 마침내 제시간에 나타난 타깃을 3초 안에 쏘려던 그 순간!!… 그는 실수를 하고 만다. 저격수 망원경 앞을 나비 한 마리가 가리는 바람에 (?!?;)… 난생처음 실수로 자괴감에 빠진 것도 모자라 조직으로부터 버림 받고 새로운 타깃으로 지목된다. 죽음의 공포에 사로잡히며 집에만 박혀 있는 모습에 참을 수 없던 참에 하나다가 미사코를 사모하고 있음을 알게 된 아내는 그를 쏘고 집에 불을 지른다. 팬티 바람으로 미사코 집으로 피신한 하나다는 그녀의 집 안 풍경을 마주한다. 죽음을 희망하는 그녀의 심경을 보여주는지 집 거실 벽에는 핀에 꽂힌 나비 박제로 도배되어 있다. 피신해 있는 와중에도 삶의 낙인 밥을 사달라고 미사코에게 조르는 하나다.

그러나 미시코는 총을 들어 하나다를 향해 쏜다. 아슬아슬하게 피한 하나다는 그녀 역시 자신을 죽이기 위해 조직에서 고용되었음을 알아챈다. 그녀를 죽여야 하지만 이미 그녀에게 빠져든 하나다. 둘은 결국 사랑을 나누고, 그 대가로 미사코는 조직에게 고문 받으며 살해된다. 그녀가 죽는 과정을 담은 필름을 본 하나다는 정면승부에 나선다. 살아 있었던 동시에 조직 보스의 정부였던 자신의 아내에게 자신이 앞서 해치운 이들부터 암살 실패한 외국인까지 모두가 다이아몬드 밀수와 연관되어 있었고 그들을 살해한 다음 증거를 없애기 위해 아내부터 미사코를 통하여 자신을 제거하고자 했던 것이다. 이제 자신을 제거하기 위해 온 넘버1과 이판사판으로 처절한 총격전을 벌이지만 '유령'답게 그는 철저히 모습을 감출 뿐이다. 결국 서로 마주한 둘은 잠시 평화협정을 제안한다. 빈틈에 자신을 죽일지 모르니 같이 손목에 수갑을 차고 동행하는 과정에서 하나다는 범접할 수 없는 넘버1의 작업 방식을 목격한다. 눈을 뜬 채로 잠자며 그 자리에서 지리는 한이 있더라도 화장실도 가지 않는 상상 이상의 넘버1! 과연 그 최후의 대결은 누가 마무리 지을 것인가?

사실 이번 영화는 스토리를 설명해나간다는 것이 불가능한 영화다. 물론 기본적으로 60년대 일본에서 유행하던 킬러 액션물과 필름 느와르 스토리를 따왔지만 피상만 그럴 뿐이다. 주인공 하나다가 바에서 쌀밥 냄새에 취한다는 설정부터 미사코라는 이해 불가 팜므파탈이 등장하기까지 하면서 스토리는 안드로메다로 날아간다. 하나다는 맨몸으로 뜨거운 김이 올라오는 전기밥솥을 부둥켜 앉으며 흥분하고, 아내와의 베드신도 침대가 아니라 불편한 나선형 계단 위에서 즐긴다. 죽음을 희망하며 전혀 말도 안 되는 철학의 대사들을 내뱉는 미사코도 제정신 같지 않은 건 마찬가지. 여기에 기기묘묘한 미장센부터 "나는 정말 프로 킬러란 말인가?" 독백 위에 난데없는 나타난 컷아웃 된 나비와 새 이미지들도 "방금 내가 뭘 본거지?"라는 당황스러움을 안겨준다. 아니나 다를까. 영화를 제작한 (당시는 물론 지금까지 일본 대표 영화사로 남아 있는)'닛카츠(日活)' 영화사 사장 '호리 구사쿠'는 본작을 본 후 이해할 수 없는 영화를 만들어 손해를 끼쳤다는 이유로 이듬해 세이준 감독을 강제로 해고시켰다 한다.

〈살인의 낙인〉의 기기묘묘한 영상미학!

근대화에 박차를 가하던 1912년 창립 이래 처음으로 대형 스튜디오를 갖추고 할리우드식 시스템으로 신파 현대극과 시대극 영화를 활발히 제작하던 일본 최대의 영화사였다. 전후인 1954년부터 '쇼치쿠'와 '도에이'가 등장해 스타 감독, 배우들과 독점 세약을 하며 강력 경쟁사로 발돋움하였지만, 닛카츠도 새로운 감독과 배우들을 공모하며 일본영화계에 젊은 피를 수혈했다. 그렇게 세이준 감독을 비롯하여 '이치가와 곤', '다나카 노보루', '나루세 미키오', '이마무라 쇼헤이' 등 차기 거장 감독들이 등단할 수 있었다. 그러나 〈살인의 낙인〉으로 세이준 감독이 해고되자 같은 소속의 감독들부터 일본 영화인들은 단결해 '스즈키 세이준 문제 공투회의'를 결성, 2년 반 동안 시위를 벌였다. 동료들의 도움으로 세이준 감독은 다시 복귀할 수 있었지만 10년이 지난 1977년에서야 차기작 〈비수 이야기〉를 내놓을 수 있었다. 이때를 기점으로 영화사들은 그의 괴짜스런 스타일에 부담을 느껴 투자하는 일이 줄었고, 세이준 감독은 2~4년에 1편씩으로 극영화 연출 빈도가 줄면서 대신 TV 연출을 병행하게 됐다. 하지만 그래서 자유로워졌을까? 이후 작품들은 더 파격적이며 실험적인 영화들을 보여주어나갔다.

어찌 보면 우스꽝스럽고 또 어떻게 보면 허세만 잡는다고 볼 수 있지만, 영화는 이후 영향을 미치는 명장면들로 가득하다. 특히 사정없이 기관총을 난사하는 코 일당과의 총격전과 부둣가에서의 총격전 장면은 이후 오우삼부터 타란티노, 로드리게즈, 김지운 감독의 느와르 액션 영화들에 크게 영향을 주었다. 죽음을 눈앞에 두고 사정없이 총을 쏴 갈기는 정장 입은 사내들의 싸움은 비장한 느와르 액션에 더더욱 어울리지 않을 수 없다. 그리고 똑같이 현대 느와르 액션 영화들이 그렇듯, 〈살인의 낙인〉의 남성들은 서열을 의식한다. 사쿠라를 제거하며 "넌 강등됐어."라는 대사부터 다른 남자들 간의 만남에서 각자의 서열을 지긋지긋할 정도로 강조한다. 이 외 하나다의 의식의 흐름을 따라 전개되는 미학적인 클로즈업 인서트들의 나열 편집은 이후 왕가위, 린치의 영화들에서 볼 수 있는 스타일이다. 압권인 세면대 배수로를 통해 암살하는 장면은 '짐 자무쉬' 감독이 〈고스트 독〉(1999)에서 그대로 써먹기까지 하였고, 컵받침대에 적힌 메모를 외우고 술잔에 넣어 태워버리는 장면은 〈영웅본색〉의 달러 태우기의 전조가 되어주었다. 이 정도면 스즈키 세이준이 일본영화계를 넘어 현대 장르 감독들에게 얼마나 영향력을 미쳤을지 상상할 수 있을 것이다.

그럼에도 황당무계한 우스꽝스러운 유머들이 넘쳐나 그 마초성을 무색하게 만든다. 하나다의 삶의 낙은 술도 여자도 아닌 밥 짓는 냄새이며 배수로 장면과 막판 복싱 링에서의 액션은 만화같이 느껴진다. "밥을 달라고!

없으면 쌀집에서 쌀 사와!", "우리는 짐승이야.", "이게 넘버1의 작업 방식이다."까지 대사들도 우습지만 은근 자극적이어서 중독성이 있다. 그렇다고 영화가 소위 '병맛'이라고 단정 지어서는 안 된다.

생각 없이 괴짜 스타일로 만든 영화는 나름 삶에 대한 감독의 철학이다. 죽음을 동경하는 미사코는 죽은 새와 나비 표본으로 실내를 장식하는 그로테스크한 취향을 통해 하나다를 위험에 빠뜨리는 팜므파탈로서 역할을 잘 보여준다. 항상 죽음의 위기 속에서 살아가는 하나다의 두려움을 잘 보여주기 때문이다. 그렇기에 미사코라는 캐릭터는 영화사상 완벽한 팜므파탈 캐릭터라고 볼 수 있다. 죽음의 위기 속에 근근이 살아가는 하나다의 내면 묘사도 밥 짓는 냄새라는 일상적인 요소에 대한 집착과 나선형 계단에서의 아슬아슬한 베드신으로도 충분히 묘사된다. 이러한 고전적인 표현주의적 이미지 연출이 있었기에 동·서구 감독들이 감명 받을 수 있었을 게다.

실제로 세이준 감독을 비롯해 60년대 일본 영화감독들은 기존 대중적 장르에 작가주의적인 실험을 해나가곤 하였다. 같은 시기 유럽에서는 누벨바그 영화 운동이 불었고, 미국에서도 뉴 아메리칸 시네마 바람이 불었다. 서양의 영화 스타일을 본뜨고자 했던 일본영화계도 그 영향을 받았다고 볼 수 있다. 그 중 세이준 감독이 원색 컬러들의 나열, 현실과 초현실을 넘나는 비주얼, 그리고 각종 장르와 동서양 문화를 혼합하는 등의 스타일로서 으뜸이었던 셈이다. 심지어 세이준 감독도 자신에게 고통을 안겨준 이 작품에 항상 애정을 가졌고, 2001년에 〈피스톨 오페라〉라는 제목의 여성 주인공들로 바꾼 버전으로 리메이크하기도 했다. 많은 거장들이 경애를 바치며 따라 배우려는 스즈키 세이준의 영향력은 지금도 계속되고 있다.

'라이언 존슨', '하마구치 류스케', '홍원찬' 등 새로운 신세대 젊은 감독들도 그의 스타일에 영향을 받고 자신들의 영화 속에 그 미덕을 표방하려 하고 있다. 긴 인생에서 굴곡도 있었지만 아이처럼 반항아처럼 '무모한' 도전을 계속해 범국가적인 영화미학을 창조하며 후배들에게 계속 영감을 주는 이 괴짜 감독을, 영화사를 또 영화미학을 공부하는 입장이라면 절대로 잊지 말아야 할 것이다. 그의 영혼은 세계 영화계에서 영원하니까.

스즈키 세이준 : "내 생각에 우리의 기억에 남아 있는 것은 '구성'이 아니라 '파괴'다. 사물을 만드는 것은 그것을 파괴하는 힘이다."

코브라(1986)
: 더러운 영혼의 천사

록키 발보아 : "내가 변할 수 있다면, 당신도 변할 수 있어요. 모두가 변할 수 있습니다!"

존 람보 : "전쟁에서 살아남으려면, 전쟁에 직접 뛰어들어야 해."

메리온 코브라티 : "범죄자들은 질병이고, 내가 그 치료제다."

액션배우 하면 '실베스터 스탤론'이라는 이름을 빼놓을 수 없을 것이다. 전성기였던 80년대부터 지금까지 그는 훌륭한 배우이자 제작자이다. 그 자신이 직접 극본을 쓰며 신화로 자리잡은 〈록키〉(1976)부터 역시 본인이 각색해 인간미 있는 액션 캐릭터로 창조된 〈람보〉(1982)는 그를 대표하는 캐릭터로 아직까지 거론되고 있다. 그 외에도 〈클리프행어〉(1993), 〈데몰리션 맨〉(1993), 그리고 최근 〈익스펜더블〉 시리즈(2010~2014)까지 다양한 영화들로 자신의 연기를 새롭게 확장해나갔다. 물론 라이벌 '아놀드 슈왈제너거'가 액션부터 코미디까지 다양한 장르 도전에 성공한 반면 스탤론은 똑같은 도전에도 불구하고 본인 캐릭터상 한계를 넘는 데 실패하며 한동안 람보와 록키, 그 유사 캐릭터에 갇혀왔던 건 사실이다. 그럼에도 대신 그는 잘할 수 있는 분야에 집중하기로 하였고, 다행히 감독으로도 변신하는 데 성공, 지금 일흔이 넘는 나이에도 그 힘과 관록을 몸소 보여주며 할리우드 거물로 자리 잡는 데 성공했다.

그 관록에 따라, 더 이상 선수 록키가 아닌 스승을 연기하는 〈크리드〉 시리즈(2015~2018)를 통해 스탤론은 더 이상 스타 배우로서가 아닌 노익장의 모범을 보여주었고, 그렇게 그는 다시 대중의 존경을 받게 되었다. 그에 대한 경의를 바치는 의미에서 〈록키〉, 〈람보〉, 〈익스펜더블〉의 '바니 로즈'와 함께 대표 캐릭터로 뒤이을 만하나 현재 거의 잊힌 비운의 캐릭터 〈코브라〉를 소개하고자 한다. 80년대 〈더티 해리〉 시리즈(1971~1983)를 시작으로 경찰 액션, 하드바디(hard-body) 장르가 유행하던 시절, 〈록키〉, 〈람보〉 시리즈나 〈다이하드〉(1988), 〈코만도〉(1985), 〈터미네이터〉(1984), 〈로

보캅〉(1987), 〈리썰웨폰〉(1987), 〈48시간〉(1982)과 같이 회자되는 고전으로도 입에 오르내리지 못하고 있지만, 이 영화가 액션장르 컬트 팬들 사이에서 거론되는 만큼 잊히기 아까운 작품으로서 추천하고자 한다. 영화 자체도 물론 화끈하지만, 시작부터 마무리까지 역시 조용할 날이 없었던 이번 영화의 비하인드를 통해 스탤론의 노하우가 읽는 이들에게 전해질 수 있길 바라는 마음이다.

강렬한 첫 오프닝! "미국에서는 11초마다 한 건씩 절도 범죄가 발생한다. 무장강도는 65초마다 한 건, 강력사건은 25초마다, 살인은 24분마다, 강간은 하루에 250건씩 일어난다."라는 분노어린 코브라의 내레이션 후, 붉게 물든 화면으로 질주하는 오토바이와 도끼를 맞부딪히며 공명하는 군집이 교차되어 보여진다. 이어서 크리스마스 시즌인 LA 소도시의 한 슈퍼마

켓. 오토바이를 타고 온 수수께끼의 남자는 엽총을 꺼내 난사한다. 경찰부터 특공대가 출동해 대치 중인 상황. 협상 대신 방송 팀을 요구하는 난사범. 말이 통하지 않자 경찰 반장은 강력계 민완 경찰 '메리온 코브라티', 일명 '코브라'를 부른다. 이쑤시개 대신 성냥개비를 간지나게 물고 나타난 코브라는 망설임 없이 현장에 투입, 코브라 뱀이 그려진 상아 손잡이 베레타 권총을 들고 슈퍼마켓 안으로 진입한다.

인질들 얼굴 앞에 엽총이 들여진 일촉즉발의 상황에서도 코브라는 오히려 난사범을 도발한다. 난사범은 "새로운 시대가 곧 열린다!"라는 알 수 없는 소리를 내뱉고, 코브라는 눈 깜짝할 사이 베레타를 빼들어 그를 사살한다. 범죄자를 소탕하는 데 성공하나, 오늘도 언론은 코브라에게 비인도적인 진압이라며 시비를 건다. 그런 기자에게 코브라는 "유가족에게도 똑같이 말해보시지!"라며 한소리한 뒤 귀가해 외로이 베레타를 손질한다.

오늘도 뉴스에서는 예전부터 LA 전역을 공포에 떨게 만드는 연쇄살인 집단 '나이트 슬래셔(Night Slashers)'의 새로운 살인 소식이 들려온다. 그를 보면서 코브라는 총기 난사범의 "새로운 시대가 온다"는 말을 되새긴다. 한편 그날 밤도 나이트 슬래셔들은 LA 뒷골목에서 부유층과 매춘부들을 상대로 살육을 벌인다. 그리고 마침 그 현장을 미모의 여인 '잉그리드'가 우연히 지나간다. 모델인 잉그리드는 촬영을 마치고 사진사의 배웅을 받지만 나이트 슬래셔의 습격을 받는다. 사진사는 살해되고 경찰서로 도망친 잉그리드는 입원과 함께 신변보호를 받기로 한다. 그리고 그에 역시 코브라가

임명된다. 그러나 나이트 슬래셔 군단의 두목은 병원 청소부로 위장해 잉그리드를 직접 없애려 나서고, 그 과정에서 그녀와 혼동된 간호사가 희생된다. 이어서 도끼를 든 나이트 슬래셔와 잉그리드 간의 추격전이 펼쳐지지만, 다행히 코브라에게 구출된다. 잉그리드가 나이트 슬래셔의 얼굴을 목격하였기에 가장 중요한 증인이 된 상황. 슈퍼마켓 사건 때부터 집착해오던 코브라는 목숨 걸고 그녀를 보호하기로 결심한다.

그 사이 나이트 슬래셔의 추격은 멈추지 않는다. 코브라가 잉그리드를 자신의 차로 호송할 때를 맞춰 차들을 이끌며 습격을 가한다. 코브라도 질세라 위험한 속도로 질주하며 맞서 싸운다. 도로 추격전에서 잉그리드를 보호하는 데 성공하지만. 도시를 쑥대밭으로 만든 데다 코브라의 강압 수사에 감찰까지 나선 상황에서 오히려 상부는 손해가 커지기 전에 잉그리드를 그냥 포기하라고 말한다. 결국 누구에게도 도움받지 못하는 상황에 분노한 코브라는 그 명령을 무시하고, 차라리 나이트 슬래셔를 유인하기로 한다. 동료의 도움으로 LA 외곽에 은신처를 마련한 코브라는 잉그리드와 점차 가까워진다. 조심스럽게 애인이 없냐고 묻는 잉그리드. 그에 코브라는 여자들과는 어울리지 못한다고 답하고, 잉그리드가 "만일 어울리는 여자가 있다면?"이라고 가정을 묻자 코브라는 "그런 여자는 정신 나간 여자겠지."라는 수줍은 대답을 해준다. 그렇게 둘이 사랑에 빠진 사이 나이트 슬래셔도 경찰 내 첩자를 통해 둘의 은신처까지 알아내는 데 성공한다. 더이상 피할 수가 없게 된 코브라는 자신의 특제 소총을 조립하며 나이트 슬래셔 군단과 정면 대결을 준비하는데….

　〈코브라〉의 기원은 의외의 계기에서 생겨났다. 코믹 액션의 고전이 되는 〈비버리 힐즈 캅〉(1984) 기획 당시 제작사에서는 주인공 역으로 스탤론을 고려하고 캐스팅을 제의였다. 그러나 스탤론은 영화가 가벼운 코믹 액션인 점을 탐탁치 않게 여겼고, 자신이 직접 시나리오를 각색하기에 이른다. 그렇게 스탤론이 새로 써낸 시나리오는 오프닝부터 피 칠갑이라는 등 너무 어둡고 폭력적이라는 이유로 거부당한다. 그렇게 〈비버리 힐즈 캅〉은 본래 코믹한 콘셉트대로 '에디 머피'를 캐스팅해 성공하였지만, 스탤론도 질세라 자신의 시나리오를 직접 영화화하기로 결심한다. 스탤론은 자기 버전의 〈비버리 힐즈 캅〉, 즉 〈코브라〉로 새로이 명명한 시나리오를 수정하면서 '폴라 고슬링'의 소설 『Fair Game』을 원안으로 삼는다. 소설 속 살인 현장을 목격한 여주인공과 그를 보호하는 경찰 간의 버디 서사를 영화의 메인 스토리로 새로 잡고, 자신이 직접 주연하기로 하면서 주변 제작진을 모

아갔다. 그렇게 자신과 함께 〈람보2〉(1985)를 작업하고 〈카산드라 크로싱〉(1976), 〈레비어탄〉(1989), 〈툼스톤〉(1993) 등 장르 대가로 촉망 받은 '조지 P. 코스마토스' 감독이 연출을, 당시 수많은 액션 흥행작들을 내놓은 '캐논(CANNON)' 영화사가 세삭을 맡으며 본격화되었다.

1980년대 동안 캐논 영화사는 〈대특명〉(1984), 〈아메리칸 닌자〉(1985), 〈라이프포스〉(1985), 〈데스 위시〉 시리즈(1974~1987)까지 저예산 액션, SF 장르를 전문으로 제작해 흥행은 물론 마니아층까지 모아온 제작사였다. 1980년대 중반부터는 'B급 전문'이라는 딱지를 떼고자 더 많은 제작비와 스타들을 기용한 블록버스터화에 돌입했는데, 〈코브라〉도 그 대열 중 하나였다. 코스마토스 감독을 필두로 한 스태프와 출연진 역시 촉망 받는 이들로 구성되었다. 촬영을 맡은 '릭 웨이트'는 〈48시간〉부터 〈풋루즈〉(1984)까지 스타일리시한 액션물을 전문으로 촬영해왔고, 음악을 맡은 '실베스터 르베이'는 헝가리 실험음악가 출신으로 이번 영화에서 전자 음악 활용을 전격 시도하였다. 그리고 잉그리드 역으로는 덴마크 모델 출신이자 스탤론의 아내인 '브리짓 닐슨'이 출연해주었다. 그러나 이 역시 제작 과정은 순탄치 않았다. 특히 누가 영화를 연출했냐부터 논쟁이 이어지고 있는데, 전설(?)에 의하면 실질적으로 스탤론이 직접 연출을 하였다고 한다. 그러나 스탤론은 당시까지 액션배우일 뿐 감독으로서는 신뢰받지 못했고 주연까지 맡았기에, 코스마토스 감독을 불러 기술 부문 연출만 맡기고 자신이 총괄적인 연출과 제작을 했다고 전해진다. 그렇든 아니든 상관없이 〈록키〉와 〈람보〉로 대스타가 된 스탤론이 현장에서 큰 지위력을 가졌으며, 스태프와 잦은 마찰을 일으킨 것 만큼은 사실이다.

　무엇보다 가장 큰 난관은 후반 작업이었다. 스탤론이 직접 참여한 첫 편집본은 심의에서 피 칠갑 폭력 묘사로 인해 제한상영가를 받았다. 결국 스탤론은 일반 상영등급을 받을 수 있도록 액션 신에서의 유혈 쇼트들부터 여타 폭력 신들을 삭제해야 했다. 그렇게 아이를 시켜 경찰서에 잘린 손을 보내는 장면부터 나이트 슬래셔가 낮에는 정체를 숨기고 생선 손질 일을 하며 목적을 상기하는 장면들이 대폭 삭제됐다. 간호사가 살해되는 장면의 경우는 어색하게 점프 컷 할 수가 없어, 간호사의 피 묻은 손이 끌려가는 쇼트의 속도를 거칠게 느리게 하는 식으로 마무리했다. 그럼에도 난관은 끝나지 않았다. 개봉 목표 시기에 〈탑건〉이 경쟁작으로 개봉된다고 하자, 그에 밀리지 않기 위해선 상영 횟수를 늘릴 수 있도록 상영시간을 더 짧게 편집하기로 결정한다. 그래서 늘어지는 대화 장면들부터 시작해 코브라의 전 애인이 강간범에게 살해당했다는 과거사까지 편집한 끝에, 2시간 반에서 97분으로 압축되었다. 다행히도 그 결과가 처음엔 나쁘지 않았다. 영화는 개봉되자마자 첫 주 동안 2천1백만 달러라는 최대의 오프닝 성적을 기록해낸다. 이는 지금까지도 (개봉 기간 및 상영관 수에 따라) 가장 높은 오프닝 성적으로 거론되고 있다. 하지만 2주차에 접어들자 불안대로 〈탑건〉부터 시작해 〈베스트 키드2〉 등 새로운 흥행작들에 밀려나갔고, 총 4천9백만 달러라는 수익은 건졌으나 이전 스탤론 인기작들에 비하면 초라한 흥행을 거두며 끝났다. 여기서 시작해 이듬해 닐슨과도 이혼하게 되면서, 〈클리프행어〉로 구제받기 전까지 스탤론의 나락이 시작되었다.

〈코브라〉는 두말할 것 없이 무모한 액션영화다. 그 중심엔 당연히 주인공 코브라가 있다. 경찰임에도 불구하고 강력범죄를 확실히 소탕한다는 이유로 범죄자의 최소 인권 따위는 무시하며 과잉 진압과 무차별 사살을 망설이지 않는다. 그리고 그 과정에서 인실과 도시의 안전도 보험으로 걸어 둔다. 물론 이는 〈더티 해리〉, 〈데스 위시〉로부터 이어져온 하드바디 액션영웅의 특징이긴 하지만, 스탤론이 표현한 코브라는 그 극단을 달린다. 그래서 그를 정당화하고자 나이트 슬래셔라는 광신적인 살인 집단을 악당으로 삼는데, 이도 〈할로윈〉(1978), 〈13일의 금요일〉(1980) 등 슬래셔 장르 유행과 맞춰놓은 설정이다. 그러다 보니 영화는 폭력적임을 넘어 공포물같이 느껴진다. 특히 르베이가 만든 낮은 음의 사이키델릭한 전자음악과 붉은 조명의 어두운 촬영은 액션영화보단 공포영화 분위기를 더 자아낸다. 여기에 인서트들 간의 순간적인 편집 몽타주도 신경을 자극한다. 그리고 이러한 영화의 분위기는 코스마토스 감독의 아들 '파노스 코스마토스'가 연출하여 컬트화되고 있는 〈맨디〉(2018)와 유사하게 느껴진다. 〈맨디〉도 똑같이 눈이 아플 정도의 붉은 조명 영상과 사이키델릭한 전자음악이 불편한 분위기를 자아내는 한편 사랑하는 여인을 위해 광신적인 살인 집단을 향한 복수를 그리고 있다. 〈코브라〉와 달리 잔혹 장면에 대한 검열만 없었을 뿐. 어쩌면 아들 파노스는 아버지의 본래 비전을 다시 재현하고 싶었던 것은 아닐까?

겉보기에 생각 없고 난폭하고 법도 인권도 지키지 않는 경찰 주인공의 행보가 시대착오적으로 느껴지겠지만, 〈코브라〉는 강력범죄가 다사다난

했던 1980년대 당시 정부의 공권력이 제대로 자신을 보호해주길 바랐던 1980년대 관객들의 욕망을 잘 반영한 영화다. 비슷한 시기에 개봉된 〈리쎌 웨폰〉, 〈다이하드〉부터 2000년대 우리나라에서도 〈공공의 적〉(2002), 〈아저씨〉(2010)가 개봉해 인기를 끌었던 것도 같은 이유이다. 범법에서는 무자비하게, 사랑 앞에서는 다정하게, "이런 영웅(혹은 남성상)이 있었으면." 하는 욕구를 반영해주는 것은 액션 장르부터 유사한 슈퍼히어로 장르의 본질적인 목적이다. 결국 더 다정한 톰 크루즈에게 밀려버렸으나, 〈코브라〉의 행보는 지금까지도 액션 마니아들 사이에서 컬트 명작으로 오르내리고 있다. 현재 새로운 폭력미학의 거장이 된 '니콜라스 윈딩 레픈' 감독도 〈드라이브〉(2011)에서 이쑤시개를 씹는 '라이언 고슬링'을 통해 〈코브라〉에 대한 간접적 오마쥬를 바치기도 했다. 영화 속에서도 스탤론 역시 열심히 연기하여 록키, 람보와 함께 기억될 만한 캐릭터를 만들어냈고, 당시 부부였던 덕에 닐슨과의 케미도 진실되게 느껴진다. 여기에 코스마토스 감독(혹은 스탤론 본인)다운 화끈한 액션 신들 또한 충분히 아드레날린이 나게 해준다. '정의의 무대포 경찰', '메리온 코브라티'의 활약은 액션 영화사(史)에 길이 남을 것만은 자부한다.

3장

세상엔 때론 못된 농담도 필요하다
: 코미디

흡혈식물 대소동(1986)
: 먹고 기도하고 또 먹어 치우자!

누가 뮤지컬 장르를 싫어할까? 〈쇼미더머니〉, 〈미스트롯〉과 같은 TV 노래 프로가 인기 있는 만큼 뮤지컬은 한국에서 특히 사랑받는 장르이다. 〈라라랜드〉(2016), 〈레 미제라블〉(2012), 〈알라딘〉(2019)이 평단에서의 엇갈림에도 천만 흥행 돌파를 한 점부터 〈오페라의 유령〉, 〈지킬 앤 하이드〉가 아직까지 공연되며 사랑받고 있는 사실이 그 증거다. 물론 뮤지컬이 절대 시시하다는 뜻은 아니다! 필자도 뮤지컬을 좋아하고(단, 대중적인 뮤지

컬과 취향이 다를 뿐;), 그 역시 유구한 역사와 전통을 갖고 있다. 영화사 초기 특히 유성영화 기술이 나오고서부터 무성영화와 차별화하고자 '버스비 비클리'의 영화들처럼 노래와 함께 거대 세트와 군중 무용으로 스펙터클을 제공하는 장르적 특징은 현실을 잊게 해주고 영상보다 더 감성을 자극해주는 점은 사실이다. 그런 식으로 다층적 관객들이 하나 되게 만드는 경험 또한 뮤지컬만이 보여줄 수 있는 큰 매력이다. 또 그렇게 '주디 갈랜드', '진 켈리', '쥴리 앤드류스', '레아 살롱가', '이디나 멘젤'까지 뮤지컬 스타들, '로버트 와이즈', '블레이크 에드워즈', '조지 큐거'와 같은 거장 감독들이 영화사에 이름을 올릴 수 있었다.

그러나 뮤지컬이 다 밝고 활기차고 아름다운 것만은 아니다. 역사부터 오래되어온 만큼 어두침침하게 세상의 문제를 직접 꼬집는 문제작들이 등장하기 마련이다. 충격적인 실험작들로 유명한 거장 '라스 폰 트리에' 감독도 〈어둠 속의 댄서〉(2000)을 통해 디지털 캠코더로 다큐멘터리 같은 영상의 뮤지컬을 시도하며 비극적인 실화를 그려내었으며, '팀 버튼'도 잔혹 뮤지컬 〈스위니 토드〉(2007)를 통해 산업혁명 시기 영국 사회를 통찰했다. 뮤지컬의 고전이자 컬트 영화의 원조 〈록키 호러 픽쳐 쇼〉(1974)도 보수적이었던 1960~1970년대에 성 해방, 동성애, 트렌스젠더, 히피 문화 등 금기된 요소들을 골고루 집어넣어 반항의 교과서가 되어주었다. 더불어 우리나라 영화 〈구미호 가족〉(2006)도 구미호라는 한국적 소재에 한국 자본주의 사회에 대한 풍자를 얹기도 했다. 이 화려한 리스트 가운데 오늘 소개할 뮤지컬 영화 〈흡혈식물 대소동〉은 특이한 전력의 이들에 의해 탄생된 고전이다. 이 글을 읽는 몇몇 이들 중에서도 〈리틀 샵 오브 호러스〉라는 이름으로 이 뮤지컬을 알고 있을 것이다. 맞다! 지금까지도 인기 있는 그 뮤지컬을 스크린으로 옮긴 게 바로 이 작품이다!

먼저 영화가 특이한 전력의 이들에게서 생겨났다고 표현한 이유를 설명하겠다. 사실 〈흡혈식물 대소동〉, 아니 뮤지컬 〈리틀 샵 오브 호러스〉도 영화의 리메이크이다. 그 원전 소개에 앞서 위대한(?) 감독이자 제작자 '로저 코먼'을 소개하겠다. 50년대부터 지금까지 활약하는 영화감독이자 제작자 로저 코먼은 100만 달러 이하 저예산으로 일주일 안에 장편 영화 한 편을 완성해내는 재능으로 명성(혹은 악명)이 높았다. 그 노하우는 세트 및 소품 재사용, NG 불허, 조합에 가입되지 않은 스태프와 배우 캐스팅, 그리고 (요즘 기준이라면 분개받을 만한;)영화를 하고픈 학도들에게 무료 혹은 최소한 지급으로 '열정 페이'를 받는 방식이었다(그럼에도 흥미롭게 그 열정 페이에 희생된 학생들 중에는 '프란시스 포드 코폴라', '마틴 스콜세지', '론 하워드', '제임스 카메론' 등 거장들이 있었다는 사실;;). 이 방식들로 코먼은 〈버켓 오브 블러드〉(1959), 〈테러〉(1963), 〈식인어 피라나〉(1978) 등 인기 있는 B급 공포 장르들을 빠르게 제작해나갔고, 소극장과 자동차 극장 중심으로 배급해 10~20대 관객층으로부터 흥행을 이끌어나갔다. 그리고 그 중에는 원전 〈흡혈식물 대소동〉(1960)도 있었다.

영화의 스토리는 작은 꽃집에서 가난하게 일하는 주인공 '시모어'가 피를 먹고 자라 말도 하는 특이한 식물을 얻게 되고, 짝사랑하는 여직원 '오드리'와 사귀는 가학적인 치과의사부터 탐욕스런 꽃집 사장을 먹이로 주던 끝에 파국을 맞는 이야기다. 여기서 흡혈식물은 반으로 쪼갠 스티로폼을 뻐끔거리는 식으로 대강 표현하고, 무명 배우들의 어설픈 연기와 함께 단조롭게 흘러간다. 그럼에도 이 역시 시니컬한 블랙 유머로 흥행에 성공하고 B급 팬들 사이에서 컬트화됐다. 이후 잠시 잊혔던 이 영화는 두 젊은 음악인들에 의해 부활한다. 1977년 서로 만난 음악 전공 '앨런 맨켄'과 극작 전공 '하워드 애쉬만'은 서로가 작곡, 작사를 맡은 뮤지컬 〈신의 축복이 있기를, 로즈워터 씨〉(1979)로 브로드웨이 데뷔를 치른 후 차기작을 물색하고 있었다. 이런 둘에게 프로듀서는 자신이 좋아하던 〈흡혈식물 대소동〉을 추천하며 이의 뮤지컬화를 제안한다. 3년의 준비 끝에 뮤지컬 〈리틀 샵 오브 호러스〉는 브로드웨이에 선보여지고 결과는 대성공이었다. 80년대 초반 당시에는 〈록키 호러 픽쳐 쇼〉를 필두로 록큰롤 뮤지컬 영화가 인기를 끌고 있었다. 마침 뮤지컬을 제작해준 음반사 '게펀 레코드(Geffen Records)'는 영화 제작으로 영역을 넓히던 중 큰 성공을 거둔 이번 공연의 영화화를 결정, 맨켄과 애쉬만에게 그대로 음악을 맡기는 조건으로 기획을 진행한다.

'마틴 스콜세지', '스티븐 스필버그', '존 랜디스' 등 거장들이 연출 물망에 오르다가, 배우이자 인형술사 출신인 '프랭크 오즈'에게 연출이 맡겨졌다. 출연진으로도 공연에서 오드리를 연기한 '엘렌 그린'이 그대로 출연한 것을 필두로, 새로운 코미디 스타로 떠오르던 '릭 모라니스', '스티븐 마틴' 등이 오디션에서 노래 실력을 인정받아 주연들로 캐스팅됐다. 새로 만든 영화의 스토리 역시 원작 영화와 동일하게 전개되지만 뮤지컬답게 인물들의 심경과 배경을 노래로 직접 전달하면서 드라마가 더 강조되었다. 특히 주인공 시모어는 어릴 적부터 생계를 위해 일했다는 배경이 알려지고, 오드리도 착한 시모어를 동경하는 꿈 역시 설명된다. 더불어 신스틸러인 가학성 치과의사도 어릴 적부터 남들 괴롭히길 좋아해 어머니가 그 적성(?)에 맞게 치과의사가 되라 하였다는 배경이 노래로 전개된다. 여기에 두 음악가들은 공연에 없던 두 노래를 새로 만들어 추가한다. 첫 번째는 처음 식물이 시모어의 피로 성장하는 과정을 표현한 "Some Fun Now"이고, 두 번째는 마지막 클라이맥스에서 흡혈식물이 야욕을 보여주며 부르는 "Mean Green Mother from Outer Space"다. 여기서는 식물의 거대한 줄기들에서 작은 꽃들이 자라 재즈풍의 코러스를 불러 스펙터클을 확장한다. 가장 유명한 노래인 "Feed Me!"와 함께 이번 영화의 정체성을 보여주는 대표적인 노래인 셈이다.

노래 외에도 〈흡혈식물 대소동〉은 시대를 생각하면 놀라운 기술적 완성도를 보여주는데, 그 중 하나가 세트다. 영화는 뉴욕 빈민가 거리가 배경이지만 놀랍게도 모두 영국에서, 그것도 야외가 아닌 실내 스튜디오에서 촬영되었다. 영국에 위치한 '파인우드 스튜디오'는 영국에서 가장 큰 영화 촬영용 스튜디오로 〈슈퍼맨〉(1979), 〈에이리언〉(1979), 〈레이더스〉(1981), 〈배트맨〉(1989), 〈미이라〉(1999), 그리고 '007 시리즈'부터 '마블 시네마틱 유니버스'까지 유명 작들이 이곳에서 촬영되었다. 특히 이 스튜디오는 사실적이면서 감각적이고 창의적인 세트 디자이너들을 자랑해 SF, 판타지물 촬영으로 애용되는 곳으로 지금까지 자리 잡고 있다. 그러나 무엇보다 하이라이트는 역시 흡혈식물이다. 〈세서미 스트리트〉부터 〈스타워즈〉에까지 인형 특수효과를 전문으로 해온 오즈 감독답게 함께 해온 인형 특수효과팀을 총동원해 원작과 비교할 수 없는 퀄리티의 흡혈식물을 창조했다. 입술을 자유롭게 오므리고 움직이는 것은 물론 줄기와 덩굴들도 손, 팔, 몸체같이 자유자재로 움직여 진짜 살아 있는 생물같이 보인다. 재즈 및 바리톤(테너와 베이스 사이의 음역) 가수인 '리바이 스터비'가 즉흥적으로 노래를 불렀음에도, 전문 기술자들의 손에 의해 노래가 완벽히 립싱크 되어 보인다. 물론 스터비의 가창력과 음색 또한 사악하고 매력적인 흡혈식물과 혼연일체가 되어 있기도 하다.

확실하게 발전된 흡혈식물 퀄리티 : 1960년도 원작

확실하게 발전된 흡혈식물 퀄리티 : 1985년도 리메이크

그러나 영화는 막판에 위기를 맞이하는데, 바로 결말 때문이었다. 원작 뮤지컬부터 영화의 오리지널 엔딩은 흡혈식물이 오드리부터 시모어까지 잡아먹고, 그의 종자들이 인기 식물로 전국으로 퍼진 결과 지구가 점령당하는 암울한 결말이었다. 그러나 시사회 결과 관객들부터 제작자들까지 결말을 맘에 들어하지 않았다. 주인공들에게 동정이 간 이들은 해피엔딩을 요구했고, 오즈 감독은 그에 따라 시모어가 전기로 흡혈식물을 퇴치한 후 함께 꿈꾸던 녹색 언덕 위 신혼집에서 결혼하는 엔딩을 새로 촬영해 삽입하였다. 물론 마지막 쇼트로 신혼집 앞마당에 열린 흡혈식물 싹을 보여주긴 하지만, 그럼에도 관객들이 원하던 전형적인 해피엔딩이었다. 이 엔딩으로 영화는 86년 여름 개봉되었다. 그럼에도 영화는 2천 5백만 달러 제작

비에서 3천 8백만 달러 수익이라는 그저 그런 흥행을 거둔다. 평단의 격찬에도 불구하고, 이름 있는 감독이나 배우들이 없는데다 당시 하필이면 뮤지컬 영화 인기가 식어가던 참이었으니 대중적인 주목을 받는 데 늦은 것이다. 그러나 〈흡혈식물 대소동〉 역시 홈비디오 시장을 통해 부활할 수 있었다. 더불어 원작 뮤지컬이 아직까지 전 세계적으로 공연되고 있다는 점에서 영화도 자연스레 재주목 받을 수 있었다.

　원작 공연이 지금도 클래식인 만큼 영화에서 음악이 좋은 건 말할 것도 없다. 그러나 영화는 공연이라는 매체에서 스크린이라는 매체로 옮기면서 그 역할을 톡톡히 하며 확장시켰다. 대다수 뮤지컬 원작 영화들이 (흥행 여부 불문하고) 무대 공연에서의 무용이나 음악을 그저 영상으로 옮겨 무대

특유의 실감나는 스펙터클을 재현하는 데 실패해 그만큼의 감흥을 주지 못하는 반면(〈오페라의 유령〉의 공연과 2004년도 영화 버전이 그 차이를 확연히 보여준다.), 〈흡혈식물 대소동〉은 영화라는 특유의 매체성을 적극 활용해 달리샷, 크레인샷, 뮤직비디오 같은 편집술에 대규모 특수효과까지 총동원하여 무대 공연을 대신할 스펙터클을 창조한다. 여기에 뮤지컬 출신이 아님에도 훌륭한 노래, 춤 실력을 보여준 릭 모라니스, 스티브 마틴까지 주연 배우들의 매력도 강점이 되었다. 물론 기존 뮤지컬 영화 같이 더 이상 달콤한 노래가 아닌 협박성이 담긴 가사 등 시니컬한 블랙 코미디적 요소를 첨가한 점도 기존 뮤지컬 영화들과 확실히 차별화되는 지점이다. 그 점에서 파격적인 오리지날 엔딩 대신 해피엔딩으로 개봉된 점이 아쉽긴 하다. 다행히 최근 오리지날 엔딩이 그대로 삽입된 감독판 블루레이가 출시되어 그 파격을 쉽게 만나볼 수 있다.

뿐만 아니라 이후 남긴 레거시도 대단했다. 이 작품을 통해 프랭크 오즈는 감독으로서 인정을 받아내며 〈화려한 사기꾼〉(1988), 〈스텝포드 와이프〉(2004), 〈Mr. 후아유〉(2007)까지를 연출하게 되었고, 〈고스트 버스터즈〉(1984)에서 조연으로 주목받은 후 이번 영화로 첫 주연을 한 모라니스 역시 〈스페이스 볼〉(1987), 〈애들이 줄었어요〉(1989), 〈고인돌 가족〉(1994) 등 다수의 코미디 영화 주연을 맡으며 대배우가 되었고, 신스틸러 스티븐 마틴 역시 〈자동차 대소동〉(1987), 〈열두 명의 웬수들〉(2003), 그리고 최근 〈아파트 이웃들이 수상해〉(2021)로 똑같이 대스타가 될 수 있었다. 그러나 무엇보다도 가장 큰 레거시는 영화의 일등 공신인 앨런 맨켄과 하워드 애쉬만에게 있다. 이 영화를 본 당시 디즈니의 애니메이션 프로듀서 '제프리 카젠버그'는 두 콤비를 영입해 차기 프로젝트들의 뮤지컬 작곡, 작사를 맡긴다. 그렇게 탄생한 작품들이 〈인어공주〉(1989), 〈미녀와 야수〉(1991), 그리고 〈알라딘〉(1993)이었다! 다시 말하자면, 식인을 하고 지구를 정복하려는 흡혈식물의 협박 노래를 만든 이들이 〈Under the Sea〉, 〈Part of the World〉, 〈Be Our Guest〉, 〈Beauty and the Beast〉, 〈Friend like Me〉까지 아직도 사랑받는 달콤한 명곡들을 만들었다는 게다.

잘 알려졌다시피 세 작품 모두 2억 달러 이상의 수익을 벌어들이며 디즈니에게 르네상스를 맞게 해주었다. 동시에 애니메이션 사상 최초로 빌보드 차트 1위에 오르는 등 음반 판매에서도 신기록을 세웠다. 그렇다면 이 역사적 공신 앨런 맨켄과 하워드 애쉬만 콤비는 지금 어떻게 됐을까? 맨켄은 현재까지도 디즈니에서 〈마법에 걸린 사랑〉(2007), 〈라푼젤〉(2010), 〈주먹왕 랄프2 : 인터넷 속으로〉(2018) 등으로 작곡 활동을 계속 하고 있다. 반면 애쉬만은 〈미녀와 야수〉 작업을 마치고 〈알라딘〉을 작업하던 91년 오랫동안 앓았던 에이즈가 악화되어 40세 이른 나이로 안타깝게 생을 마감한다.(그래서 미완성된 〈A Whole Nw World〉의 경우 '팀 라이스'가 대신 작사를 마무리해주었단다.) 실제로 동성애자였던 그는 소수자이자 불치병에 걸린 자신이 저주에 걸렸다 생각하며 흡혈식물, 인어공주, 야수, 지니 등 주술에 걸리거나, 목소리를 잃거나, 버림받고 추방된 캐릭터들에게 애정을 쏟으며 작업을 하였다고 한다. 사후 10년인 2001년, 애쉬먼은 디즈니로부터 '디즈니 레전드 명예의 전당'에 이름을 올리게 되었다.

〈알라딘〉엔딩 크레딧에 기재된 '하워드 애쉬먼' 헌정사 : "인어공주에게 목소리를, 야수에게 영혼을 준 우리의 동료, 하워드. 우리는 언제나 그에게 감사할 것입니다."

(여담 : 본작에서 마틴이 연기한 가학적인 치과의사에게 딱 어울리는 피학성애자 환자 역으로 '빌 머레이'가 카메오 출연한다. 코멘의 원작에서는 당시 무명이었던 20대 시절 '잭 니콜슨'이 연기했다! 니콜슨도 대배우가 되기 이전 〈테러〉, 〈까마귀〉(1963) 등 코멘의 영화로 경력을 시작하였다 한다.)

롱풀리 어큐즈드(1998)
: 영원한 (할리우드) 기념비!!

지난 2010년 11월 28일, 할리우드 노장 재우 레슬리 닐슨의 사망 소식이 알려졌다. 오랜 영화팬, 특히 코미디 및 컬트영화 팬이라면 그의 죽음에 큰 충격을 받았을 것이다. 과거 연기파 배우로 무대 위에서 시작해 다양한 영화 작업을 거치다 1980년대 일명 ZAZ사단이라 불리던 '짐 에이브람스', '데이빗 주커', '제리 주커' 3인조 감독과 만나 당시로서 파격적인 형식의 코미디 시리즈인 〈에어플레인〉(1980), 〈총알 탄 사나이〉(1988~1994) 등에 주

인공을 맡으며 코미디의 대부, 패러디 영화의 대명사 배우로 자리 잡았다. 물론 그의 전공은 젊은 시절 출연한 고전 〈금지된 행성〉(1956), 〈포세이돈 어드벤처〉(1972), TV 시리즈 〈제시카의 추리극장〉 등에서 보여준 정극 연기지만, 그런 그답게 코믹한 영화 속에서도 진지하게 역할에 몰입해 혼자 심각하게 연기했기에 관객들이 그 황당함에 자연스레 빠져들어 웃음을 터뜨릴 수 있었을 게다. 그는 마지막까지 〈슈퍼히어로〉(2008), 〈무서운 영화〉 3편~4편(2003~2006)에 출연하여 신세대들에게도 그의 진면목을 포기하지 않고 보여주었다. 많은 이들이 그의 대표작으로 〈총알 탄 사나이〉 시리즈나 〈무서운 영화〉 시리즈의 엽기 미국 대통령으로 기억하나, 개인적으로 유명한 둘보다 더 인상적인, 비교적 덜 알려져 있으나 더 강력한 패러디와 닐슨의 연기가 돋보인 '팻 프로프트' 감독의 〈롱풀리 어큐즈드〉를 소개한다.

영화는 '해리슨 포드'의 대표작 〈도망자〉(1993)의 오프닝 타이틀 시퀀스를 흉내 내며 황당한 자막으로 시작부터 관객에게 도발한다. "이 영화는 모두 사실이며, 실제하는 영화들 속 사건들을 바탕으로 만들어졌습니다." 이어 영화는 레슬리 닐슨이 분한 주인공 '라이언 해리슨'을 소개한다. 바이올린을 연주하는 중에도 가려운 머리와 코를 긁고 눈물방울을 바이올린 줄에 떨어뜨려 섬세한 연주까지 할 줄 아는 바이올린 마에스트로 라이언의 클래식 콘서트가 공연되는 가운데 '광선검'으로 객석 안내를 해주는 극장 직원에게 케스라는 여인이 1등석에 앉은 부부 중 남자에게 편지 전달을 부탁한다. 곧 1등석의 남자는 편지를 받지만 읽고 불쾌한 듯 찢어버린다.

케스가 당황하는 사이 바이올린 콘서트는 곧 헤비메탈로 이어진다. 관객들의 환호와 함께 난장판이 된 공연을 라이언은 항상 그답게 오늘도 성공적으로 끝낸다. 다음 날 라이언은 자신의 열성 팬인 1등석의 남자 굿휴의 파티에 초대받는다. 그때 케스가 굿휴에게 찾아와 초상화를 그려주고 싶다고 말하지만 굿휴는 거절한다. 사실 케스는 전날부터 급히 전할 말이 있어 찾아온 거지만 굿휴는 무언가를 감추듯 완고히 무시한다. 그 사이 굿휴의 아내 로렌은 라이언과 둘만 남게 되자 거대한 위스키 잔으로 그를 유혹한다.

그날 밤 공연 역시 성공적으로 마치고 귀가하려던 라이언은 그의 차에서 로렌이 자기에게 오라며 그러지 않으면 자살하겠다고 구애하는 내용의 편지를 받는다. 우유 한 통도 사 와 달라는 추신과 함께. 한편 굿휴의 저택에서는, 굿휴가 혼자 술을 마시고 있다. 순간 누군가가 굿휴의 등 뒤를 노린다. 인기척에 돌아본 굿휴는 구면인 듯 태연하게 자신의 집이 테러리스트들이 상륙하기 좋은 해안가라 자신을 살해하고 테러 단체를 상륙시키려 한다는 작전을 다 알고 있다며 칠판까지 들고 친절하게 (관객에게) 설명해준다. 그리고 그 설명대로 수수께끼 인물은 그를 총으로 쏜다. 두 방, 세 방, 네 방을 맞았음에도 그저 아프다고만 하는 굿휴는 화살까지 동원해서야 숨을 거둔다. 굿휴 부부의 집에 도착한 라이언은 불 꺼진 어두운 집 안에서 결국 누군가에게 붙잡힌다.

로렌이라 생각했지만, 곧 상대가 정체불명의 남성인데다 굿휴가 살해된

광경을 목격하고 격투를 벌인다. 격투 끝에 남자의 의수와 의족, 의안까지 떨어지는 광경을 목격한 라이언은 그 순간 또 다른 누군가에게 뒤통수를 맞아 쓰러진다. 이후 남자는 수수께끼 상대방에게 라이언에게 살인 누명을 씌우자고 제안하고, 라이언은 '작전명 하이랜더'라는 단서를 듣지만 〈스타워즈 에피소드 5: 제국의 역습〉의 '한 솔로' 꼴이 되고 만다.

　다음 날 아침 로렌의 신고로 굿휴의 시신이 발견되고 같은 장소에서 총과 활을 쥔 채 깨어난 라이언이 예상대로 살인 누명을 쓰고 체포된다. 억울하게 유죄 및 사형 판결을 받고 교도소로 버스 이송되던 라이언은 참다못해 버스 교도관에게 억울하다며 유치한 말싸움을 시작하는데, 바로 정면 도로 바닥의 바나나 껍질에 놀란 버스 운전사는 급회전을 하고, 결국 〈도망자〉처럼 버스는 언덕 아래 기찻길로 추락하고 만다. 그 대형사고 속에서도 겨우 쓰레기통 두 겹 뒤집어쓰는 수난만 겪은 라이언은 아니나 다를까 달려오는 기차를 발견하고, 선한 심성에 맨손으로 죄수와 간수들을 한 방에 버스에서 던져 구조한 뒤 기차가 충돌하는 순간 아슬아슬하게 빠져나간다. 자신에게 원수진 듯 자기만 쫓아오는 기차를 피한 끝에 라이언은 역시 〈도망자〉의 해리슨 포드가 그랬듯 도망자 신세가 된다. 죄수복을 버리고 신분을 감추고자 낚시용품 가게에 들어가 옷을 훔쳐 입은 라이언은 우연히 가게 주인이 가게를 찾은 경찰관에게 굿휴가 죽은 날 그의 집 해안가에 낯선 배가 왔었다는 정보를 입수한다. 그와 동시에 자신의 현상수배 사진을 발견하여 경찰관이 보기 전 낙서를 하여 감추고, 마침 그를 발견한 경찰관은 바로 가게 현관을 지나던 낙서와 똑 닮은 이를 용의자로 체포한다.

간신히 위기를 넘긴 라이언은 다시 굿휴의 저택으로 향한다. 비상 열쇠
를 찾고자 화단을 살펴본 결과 거대한 열쇠 모양의 박스 안에서 '비상용 돌'
로 유리문을 깨고 들어간 라이언은 역시 〈도망자〉에서처럼 불빛 깜빡이는
효과를 받으며 플래시백에 빠져든다. 깜빡이는 효과가 너무 눈부셔 선글라
스를 써서야 라이언은 외팔, 외다리, 외눈박이 남자와 싸울 당시 자신을 기
절시킨 수수께끼의 제 3자가 로렌이었다는 사실을 깨닫는다. 그새 경찰들
이 몰려오고 정원사로 위장해 잔디 깎는 기계로 정원의 돌담부터 분수대까
지 모조리 동강내버리며 탈출한다. 그러나 〈도망자〉의 '토미 리 존스'만큼
똑끼 어린 경찰 반장에게 들키고, 역시 해리슨 포드가 그랬던 것처럼 하수
구로 도망친다. 미로 같은 하수구에서 쫓고 쫓기는 방향이 서로 뒤섞이던
끝에 라이언은 하수구 끝 댐 폭포에 마주하고 만다. 반장에게 결백하다고

당당하게 랩으로 주장해보지만 반장에겐 랩으로 밖에 들리지 않을 뿐이다. 결국 라이언은 역시 댐 아래로 뛰어든다. 물론 해리슨 포드처럼 '멋있게'가 아니라 하수구 천장에 머리를 박고 '기절한 채'…;;

　무사히 살아난 라이언은 케스를 미행해 그녀의 집까지 들어가 심문한다. 케스는 자신이 고아 출신이며 로렌이 어린 시절 잃어버린 언니일지 몰라 굿휴의 파티에 온 것이라며 그를 설득시키려 한다. 물론 믿지 않는 라이언은 어떤 수단도 통하지 않겠다며 자신만만해한다…라고 말하지만, 케스가 야릇한 눈빛으로 다가오자 바로 유혹에 넘어간다. 이후 라이언과 케스는 (경찰에게 대대적으로 쫓기는 상황임에도)데이트를 나다니며 뜨거운 사랑을 나눈다. 한편 역시 똘끼 어린 반장은 그 타이어 유형이 예민한 예술가 기질 여성이 주로 타는 자동차라 판단하고 케스를 추격하기로 결정한다. 케스의 집에서 혼자 TV를 보던 라이언은 자신의 현상금이 두 배로 올랐으며, 초상화 값을 거절당한 여성 화가가 아니면 누가 잡을까라고 대놓고 말하는 뉴스를 듣는다. 라이언은 케스가 자신을 보호해주면서 사실 현상금을 챙기려는 의도가 아닐까 다시 의심한다. 케스의 집에서 라이언은 한 권의 스크랩북을 발견한다. "당신이 원하는 기사가 아님!", "바로 아래가 당신이 원하는 기사"라는 신문 기사 제목들을 따라가자, 굿휴와 로렌의 결혼, 숀 러프리라는 테러범이 무기 밀수선과 함께 실종되었다는 기사를 통해 로렌이 굿휴를 살해하고자 의도적으로 접근·결혼하였으며, 문제의 외팔, 외다리, 외눈 남자가 테러리스트 숀 러프리이고, 둘이 내연관계라는 사실 또한 알아낸다.

그러나 역시 똘끼 어린 반장이 케스의 집으로 들이친다. 케스도 믿지 못하는 상황에서 라이언은 창문 아래 기저귀 수거(!) 트럭으로 뛰어내려 탈출한다. 간신히 트럭에서 탈출해 몸에 밴 변 냄새로 주변 행인들과 꽃들을 기절시키고 서점의 책들까지 불태운 끝에, 라이언은 우연히도 의수 연구소 병원 앞에 선다. 의사로 위장해 병원 안으로 잠입한 그는 주변에서 몰려오는 진료 요청에 적극 응해주며 남성 환자에게 임신 판정, 아드레날린 20만cc 주사 처방을 해준다. 어느 톰 아저씨처럼 환풍구를 통해 최첨단 보안 밀실인 정보 검색실 천장에 다다른다. 그리고 역시 그 크루즈 씨처럼 환풍구 전선에 매달려 보안 장치를 끄고 숀 러프리 정보를 검색한다. 그러나 〈2001 스페이스 오디세이〉(1968)처럼 건방진 인공지능에게 프린트 홍수 세례만 받는다. 그렇게 수확이 없던 찰나 마침내 그토록 찾던 숀 러프리와 로렌이 케스를 납치하는 광경을 발견하고 추적한다…. 과연 라이언은 진실을 밝혀 누명을 벗을 수 있을까? 또 과연 케스와 로렌, 킬러 숀 러프리의 음모는 무엇일까?

뭐, 당연히 영화는 스토리를 감히 평할 수 없다. 이야기부터가 여러 유명 영화들을 일관성 없이 마구잡이로 섞어놓아 스릴러와 멜로, 액션부터 SF까지 오가기에 코미디이기 이전 장르부터 구성까지 판단할 수가 없을 지경이다. 그런 만큼 이 영화에서 진지함은 물론 작품성을 찾아보기란 말할 것도 없을 것이다. 정확히 표현하자면, 그를 찾는다는 걸 시간낭비일 것이다. 하지만 바로 그러한 점이 닐슨의 코미디 영화를 보면서 기대하는 점이 아닐까. 아니나 다를까, 이 영화의 감독 팻 프로프트는 명작 코미디 〈폴리스

아카데미〉 시리즈(1984~1994)부터 시작해, ZAZ 사단 감독들과 함께 〈총알 탄 사나이〉, 〈못 말리는 비행사〉 시리즈(1991~1992) 각본 작업을 함께 했던 인물이다. 그렇게 이번 영화에서는 그 스승들의 정신을 이어받아 감독 데뷔를 하였지만, 영화의 흥행 성적이 예상될 수 있는 만큼, 이번 영화가 그의 유일한 연출작이 되어버렸다.

본작에서도 펼쳐지는 레슬리 옹의 명작 패러디 향연~!!

미국에서의 흥행은 말할 것도 없고 국내에서도 극장 개봉보다는 비디오와 TV 방영 등으로 알려지게 된 정도다. 물론 그렇게 미국부터 우리나라까지 패러디 장르 열풍과 레슬리 닐슨의 열성팬들을 통한 비디오 및 DVD의 불티나는 판매로 〈총알 탄 사나이〉 시리즈와 〈미스터 마구〉(1997)(역시 팻 프로스트가 각본을 썼다.)와 함께 레슬리 닐슨의 대표작이자 팬들의 필견작으로 이름을 올릴 수 있게 되었다. 또 사실 싸구려 B급 패러디 코미디로만 보고 말기에는, 패러디나 그를 표현하는 특수효과 퀄리티도 꽤 높은 편이다. 영화는 컴퓨터 그래픽부터 미니어처, 특수 분장까지 당대 모든 할리우드 특수효과 기술을 총동원하는 데다, 패러디 장면들도 모델 삼은 영화들에서의 의상과 세트, 심지어 OST까지 똑같이 맞춰 재현해냈다. 그 제작비를 생각한다면 결코 B급이라고 무시하기 역시 어려울 것이다.

쟁쟁한 스태프도 이야기하자면, 이 영화를 기점으로 시작해 〈식스틴 블록〉(2006), 〈레지던트 이블〉 4~6편(2010~2016)으로 현재 가장 스타일리스트 촬영감독 중 한 사람이 된 '글렌 맥퍼슨' 촬영감독부터, 〈마이키 이야기〉(1989), 〈파이널 데스티네이션 2〉(2003)의 '마이클 볼튼' 미술감독, 〈코브라〉(1986)와 〈닌자 거북이〉 시리즈(1990~1993)의 '제임스 R. 시몬스' 편집감독, 〈황혼에서 새벽까지〉(1996), 〈아나콘다〉(2007), 〈드래그 미 투 헬〉(2009)의 '롭 힌더스타인' 특수분장사, 그리고 유명한 〈록키〉(1976) 테마곡을 만든 '빌 콘티' 음악감독이 참여했다. 제작사도 〈로빈 훗〉(1991), 〈라스트 모히칸〉(1992), 〈영 건〉(1988), 〈에이스 벤츄라〉(1994), 〈트루 로맨스〉(1993)까지 당대 90년대를 휩쓴 화제작들을 골라 제작한 '모건 크릭스'이기도 하다. 이 정도 규모면 감히 이 영화를 초라한 영화로 절대 볼 수 없으며, 본작으로 할리우드에 진출한 쟁쟁한 이들에게도 의미 있는 작품일 것이다.

실제로 〈에어플레인〉과 〈총알 탄 사나이〉는 물론이요, 〈못 말리는 비행사>까지 1980, 1990년대 패러디 영화들도 계속되는 성공에 따라 유명 스태프들이 거대 규모의 유머와 완벽한 재현의 패러디를 위해 촬영부터 특수효과에까지 참여하였다. 그만큼 당대 패러디 영화는 단순한 헛소동을 넘어 문화적 현상이었고 코미디 장르 역사의 큰 일부나 마찬가지였던 셈이다. 공교롭게도 최근 〈무서운 영화〉 후속 시리즈부터 〈디재스터 무비〉(2008), 〈데이트무비〉(2006) 등 패러디 영화들의 연속 흥행실패로, 한때 할리우드를 주름잡던 한 부류인 패러디 코미디 장르가 종말을 맞았다고 평가받고 있다. 그리고 그 시기는 곧 레슬리 닐슨의 사후와도 맞먹는다. 어쩌면 레슬리 닐슨의 별세에서부터 패러디 장르의 종말이 예견된 것이나 마찬가지일지 모르겠다. 아마 그를 대체할 만한 진지하게 능청스러울 수 있는 희극배우를 찾을 수 없을 것이다. 물론 이제 세대도 바뀌어 이번 영화나 〈총알 탄 사나이〉, 〈무서운 영화〉 시리즈에서의 넌센스, 4의 벽 허물기 유머가 더 이상 통하지 않게 된 점도 있다.

이제 앞뒤 맞게 현란한 재미를 추구하는 신세대에게는 본작과 같은 패러디 유머 코드가 그저 헛소동에 불과한 '아재 개그'로 받아들여지고 있는 트렌드다. 물론 최근 마블의 〈데드풀〉이 비슷한 유머코드를 적극 사용하여 신세대와의 조화를 성공시켰으며, 최근 신세대도 실망스러워져가는 코미디 영화 및 TV 및 프로에 대한 반응으로서 과거 패러디 영화들에 관심을 돌리기 시작하였다. 그리고 그에는 짐 에이브람스, 데이빗 주커, 제리 주커, 팻 프로스트, 피터 시걸까지 ZAZ 사단, 그리고 레슬리 닐슨이 있었다. 60년 간 251편의 영화 및 TV 출연으로 외길 연기 인생을 살아온 그의 진지한 코믹연기를 더 이상 볼 수 없겠지만, 우리는 그와의 추억을 기억하고 있다. 명절 특집 TV나 비디오로 자주 빌려 보며 한바탕 뒤집어지게 웃게 해주었던 그의 제스처, 그의 표정, 그의 가벼운 그러나 절대 가볍지 않은 매력을 잊지 못한다. 심지어 그를 더 빛나게 해주었던 넌센스 코미디, 패러디 감각도 더 이상 트렌드가 아니더라도 코미디 역사에서 항상 빛날 것이다. 지금도 많은 이들이 그를 추모하고, 사라진 패러디 코미디 장르를 그리워하고 있다. 나도 그렇다.

　이런 영화 있는 줄 몰랐을 걸???

키드캅(1993)
: 뿌리 깊은 나무들

당연한 얘기지만, 누구나 소박한 시작이 있기 마련이다. 그게 거장이라도 말이다. 세계 영화계를 제패한 '제임스 카메론' 감독은 〈피라냐2〉(1981)라는 B급 실패작으로 시작하였고, 젠더를 넘어 사실주의 액션영화 장인이 된 거장 '캐서린 비글로우' 감독도 〈사랑 없는 사람들〉(1981)이라는 들어보지 못했을 저예산 갱 영화로 데뷔하였다. 칸부터 아카데미까지 빛낸 '봉준호' 감독도 〈플란다스의 개〉(2000)라는 소박한 영화로 거장의 길을 시작

하였다. 더불어 한국형 블록버스터의 창시자 '강제규' 감독의 〈공포특급〉(1994)을 기억하는 이가 있는가? 스타 배우들이라고도 예외가 되진 않는다. 물론 '나탈리 포트만'처럼 처음부터 신동으로 주목받는 경우도 있지만, 〈그리즐리2〉(1983)에서의 '조지 클루니'와 '로라 던', 〈옥수수 밭의 아이들 3〉(1995)에서의 '샤를리즈 테론'처럼 출연했는지 모를 만큼 민망한 역으로 시작하는 경우도 있다. 지금 한국영화계의 대스타가 된 송강호(돼지가 우물에 빠진 날(1996)), 하정우(마들렌(2003)), 천우희(신부수업(2004))도 마찬가지다.

그렇다고 이러한 첫 경력이 나쁘다는 뜻은 절대 아니다! 더불어 절대 나쁜 의미조차 될 수도 없다. 어떤 작품으로 시작했든, 험난한 영화계에 들어선다는 소중한 꿈을 위한 발판이기 때문이다. 또 그렇게 만들어진 영화 자체들도 퀄리티가 어떠하든 마찬가지다. 〈황산벌〉(2003), 〈왕의 남자〉(2005), 〈라디오 스타〉(2006), 〈님은 먼 곳에〉(2008), 〈사도〉(2014), 〈동주〉(2016), 그리고 〈자산어보〉(2021)까지의 거장 '이준익' 감독과 드라마 〈미스터 선샤인〉부터 최근 〈악마판사〉로 돌아온 배우 '김민정', 영화부터 드라마, 연극을 오가는 배우 '정태우'에게도 예외는 없다.

그런 의미에서 이 셋의 영화 데뷔작인 〈키드캅〉을 리뷰해본다. 1980~1990년대 생이라면 한 번쯤 봤을 법한 이 영화는 돈벌이 짝퉁에서 시작되었지만, 세월이 흘러 지금 어른이 된 세대들에게 다시 아이콘으로 떠받들어지고 있는 작품이다.

주인공 국민학생(1990년대 초반까지 초등학교 명칭) '준호'는 같은 반의 퀸카 '은수'를 짝사랑한다. 그러나 같은 반 친구들끼리 모여 만든 패거리 "끝장파"의 리더 '형태'가 훨씬 더 적극적이기에 함부로 나서지 못한다. 학교의 말썽꾼들이 모인 이 끝장파는 준호, 은수, 형태와 함께 '승우', '상훈'으로 이루어져 있다. 준호는 액션영화를 좋아하는 활기 발랄한 성격이지만 정작 현실에서는 내성적이고 지극히 평범할 뿐이다. 형태는 리더답게 매사에 적극적이고 영민하다. 승우는 (당시 인기 LG 야구팀) '트윈스' 야구 모자를 항상 쓰고 다닐 만큼 스포츠부터 비디오 캠코더로 찍고 다니는 일이 취미다. 상호는 부모님이 동생과 같이 먹으라고 사준 치킨을 혼자 다 먹을 만큼 식탐이 세지만 그만큼 힘도 세다. 이 말썽꾼들은 인기 그룹 'ZAM'의 팬 사인회에 참여하고자 방과 후 백화점으로 향한다. 이미 인산인해를 이룬 팬들로 인해 팬 사인회가 일찍 마무리되고, 끝장파 주인공들은 필사적으로 사인을 받고자 헬스장부터 주차장까지 휘저으며 ZAM을 따라갔다가 경비 아저씨에게 붙잡혀 벌을 받는다.

잠시 경비 아저씨가 화장실을 다녀갈 때 한 무리 괴한들이 습격한다. 이들은 백화점이 문 닫는 시간에 맞춰 금고를 털러온 전문 도둑들. 위압적인 카리스마를 지낸 '두목'을 필두로 금고털이 '흑장미', 해결사 '제비'와 '쌍칼', 그리고 힘 전문 '탱크'까지로 이루어진 이 도둑단은 백화점의 모든 통신부터 출입구, 경비망을 장악한다. 그 사이 경비실에서 밤을 새게 된 끝장파는 슬슬 경비 아저씨가 오지 않자 탈출을 감행한다. 그러나 백화점 모든 문은 닫혀 있고 전화도 통하지 않는다.(스마트폰은 고사하고 무선 전화는 가정용으로만 보급되던 시기임을 염두에 두길;) 아이돌 사인 받아보려다 백화점에 갇힌 끝장파 친구들은 자연히(할리우드 영화들에서 자주 그랬던 것처럼) 환풍기로 탈출하려 한다.

그 중간에서 당연히 도둑들이 금고를 터는 광경도 목격한다. 정의감 있는 이 친구들은 직접 도둑들을 막기로 한다. 먼저 힘줄 탱크부터 엘리베이터 통로 밑으로 처치(?!)한 뒤 차례로 거대 스피커와 비비탄, 플라스틱 배트로 악당들을 한 명씩 처리해간다. 그러나 끝내 준호와 은수를 제외한 끝장파 친구들은 두목에게 붙잡히고, 준호는 유일한 탈출구인 지하 주차장 출입구 앞에서 은수를 지키기 위해 자동차를 탄 두목과 최후의 대결을 벌인다….

솔직히 말하자면 영화의 스토리는 신선한 것도 아니다. 당시 국내에서도 인기 있던 〈다이하드〉(1988)와 〈나 홀로 집에〉(1990), 〈구니스〉(1985)를 잡탕으로 만들다시피 한 스토리다. 당시 세종대 동양학과를 중퇴하고 충무로에 입성해 영화사 '㈜씨네월드'에서 마케팅 및 해외 영화 수입 담당으로 활동하던 이준익 감독은 국내 영화에서 극장용 어린이 영화가 거의 없다는 점을 깨닫고, "우리 아들에게 〈나 홀로 집에〉만 보게 놔둘 수 없다"는 의미심장한 취지에서 이번 영화를 기획하였다. 그러나 정작 이 영화를 연출해줄 감독을 찾지 못했다.

처음 친분이 있던 '강우석' 감독에게 연출을 문의하였으나, 그는 이미 〈투캅스〉 기획에 들어가 성사되지 못하였다. 그래서 결국 이준익 감독이 (본인 표현에 따라) '홧김'에 연출을 맡아버리면서 영화감독 데뷔를 하게 된 것이다. 그렇게 영화는 노원구 중계동의 건영옴니백화점을 주 무대로 촬영하여 1993년 여름 극장가에 개봉됐다. 그러나 스필버그의 〈쥬라기 공원〉과 나란히 개봉하는 바람에, 자연히 전국 약 2만 관객이라는 기대만큼 흥행을 해내지 못했다. 당시 지금처럼 전국 멀티플렉스 프랜차이즈가 아닌 지역별 단관 상영관이 있던 시기라는 점을 상기하면 〈쥬라기 공원〉 외 〈클리프 행어〉, 〈투캅스〉 등 당시 흥행작들과 경쟁하기엔(그보단 단관에 독점으로 상영되기엔) 무리였을 게다.

또한 솔직히 말하자면, 영화의 구성면에서나 완성도도 아쉽다. 주인공들이 도둑들을 잡고자 활약하기까지 상영시간의 2/3가 걸린다. 그때까지 백화점에 갇히고 경비실을 탈출하면서 서로 간의 드라마와 농담 따먹기 등을 보여준다. 마침내 기대하는 도둑들과의 결투가 펼쳐지지만, 지금의 입장에서 보면 〈나 홀로 집에〉처럼 정교하게 만든 함정이 아닌 장난감 총, 거대 스피커, 플라스틱 배트 및 의자에 건장한 어른들(그것도 군인처럼 훈련받은 특수강도들;)이 당한다는 설정이 어이없어 보이기 마련이다.(그렇다고 〈나 홀로 집에〉 역시 실제라면 죽은 목숨!:;) 그럼에도 백화점 시설을 이리저리 피해 다니는 추격전과 마지막 주차장에서의 격투, 악당 두목을 연기한 대배우 '독고영재'의 위압감만큼은 눈에 들어온다. 특히 극 중 탱크의 얼굴이 엘리베이터 문에 끼어버리는 장면은 명장면이다. 고무로 만든 가짜 얼굴까지 동원해 문 사이로 눌려 납작하게 되는 장면은 얼핏 충격적이지만 어색한 특수효과의 힘 덕분(?)에 코믹해 보이기까지 하다.

〈나홀로 집에〉에 비해 참 소프트코어(?)한 함정들..ㅋㅋㅋ

이처럼 비록 흥행과 완성도면에선 아쉬웠으나 그럼에도 〈키드캅〉은 엄연히 그해 한국영화 흥행 차트 10위에 올랐고, 이후 비디오 시장에서 타깃 층인 아동 소비자들을 통해 선풍적인 인기를 끌었다. 물론 이준익 감독은 첫 영화로 부족함을 깨닫고 다시 마케팅업으로 복귀하였고, 프로듀서가 되어 〈간첩 리철진〉(1999), 〈달마야 놀자〉(2001) 등 흥행작 제작에 집중한다. 그리고 9년 만에 〈황산벌〉을 감독하며 첫 흥행을 하고, 1200만 신화의 〈왕의 남자〉, 한국 음악영화의 새 시대를 연 〈라디오스타〉, 여성의 시각으로 현대사를 그려 격찬을 받은 〈님은 먼 곳에〉, 그리고 굵직한 일제강점기물 유행 속에서 서정성으로 돋보인 〈동주〉로 거장의 반열에 오른다. 극 중 은수를 연기한 김민정도 이후 아역 이미지에서 벗어나 〈카이스트〉(1999),

〈술의 나라〉(2003) 등에 출연하며 청춘 스타에 들어섰다. 처음엔 연기력 논란이 있었지만, 포기하지 않고 꾸준히 도전한 끝에 영화 〈발레교습소〉(2004)에서 보다 성숙한 연기를 보여주었고, 〈음란서생〉(2006), 〈작전〉(2009), 〈뉴 하트〉(2007), 그리고 〈미스터 선샤인〉까지 거치며 배우로서 인정을 받아냈다. 비록 주인공은 아니었지만 누구보다 가장 활발한 악동끼(?)를 뽐낸 승우 역의 정태우 역시 영화 〈바람의 파이터〉(2004)부터 연극과 뮤지컬 등 무대공연으로도 영역을 펼치며 성숙한 매력을 뽐냈다. 예능을 통해 애처가이자 두 아들들의 자상한 아버지로서도 유명해진 건 말할 것도 없다.

그렇다면 다른 친구들은 어떻게 되었을까? 공교롭게도 김민정, 정태우와 외 영화의 주역들의 활동은 미비하거나 편차가 크다시피 한 현황이다. 그나마 영화의 실질적인 주인공 준호를 연기한 '이재석'이 이후 한동안 출연이 없었다가 다행히 2006년 드라마 〈주몽〉에서 고구려 왕자 '비류' 역으로 출연하며 13년 만에 복귀하였다. 먹보 형태 역의 '고규필'은 학업에 집중하고자 9년간의 공백기를 가진 후 복귀를 하였고, 봉준호 감독의 〈마더〉(2009)에서 불량 고등학생을 연기하며 그 존재감을 다시 알렸다. 그 외 형태 역의 '장영철'의 경우는 안타깝게도 극 중 약삭빨랐던 모습으로 인상을 주었으나 이 영화가 유일한 연기작으로 현재 평범한 생활을 하며 근황이 알려져 있지 않다. 악당 배우들 역시 마찬가지이다. 지금까지도 영화, 드라마에서 관록의 카리스마를 보여주고 계신 독고영재 배우를 제외하면, 미모의 흑장미 역의 '송소이'부터 탱크 역의 '김상익', 쌍칼 역의 '김동호' 등의 근황 또한 알려져 있지 않다. 그나마 제비 역의 '장세진'이 대하드라마 〈야인시대〉(2002~2003)에서 '문영철' 역으로 센세이션급 인기를 끌었으나 2009년 은퇴를 선언하였다.

어설퍼 보이더라도, 생각하면 〈키드캅〉은 한국영화사에서 기념비가 될 자격이 있다. 한국영화는 70년대 박정희 정권의 '영화법'과 80년대 전두환 정권의 '3S 정책'을 거쳐, 90년대에는 민주화의 급류 속에 〈결혼 이야기〉(1992), 〈마누라 죽이기〉(1994) 등 다양한 장르와 파격적 소재의 기획영화들이 쏟아지듯 만들어졌다. 그런 배경에 오직 디즈니나 가능했던 어린이 영화라는 불모지를 이 영화가 개척한 것이다. 물론 이전에도 〈우뢰매〉(1986)나 〈영구와 땡칠이〉(1989) 시리즈 등의 영화들이 분명 존재하였으나, 주로 조악한 제작 환경 속에 만들어지고, 주로 코미디언 배우들을 주인공으로 내세웠던 전제를 생각하면, 더 이상 성인 배우가 아닌 아역배우들을 주역으로 하며 메이저 제작사에서 제작을 한 〈키드캅〉은 본격적인 한국 상업 어린이 영화의 신호탄이 된 셈이다. 그 기반에서 이어서 〈집으로〉(2002), 〈안녕, 형아〉(2005), 〈마음이〉(2006), 〈개를 훔치는 완벽한 방법〉(2014) 등의 어린이 영화들이 제작될 수 있었다.

이 외에도 〈키드캅〉은 아역 캐스팅의 범위를 더 넓히는 데에도 기여를 했다. 대가족에서 핵가족 세대로 넘어가던 당시 가족상을 반영한 TV 드라마들이 연속으로 제작될 때, 아이들 세대를 대표할 아역을 캐스팅하는 데 도움을 주는 아역 에이전시들이 〈키드캅〉의 캐스팅에서부터 본격적으로 탄생하게 된 셈이다. 그렇게 〈순풍 산부인과〉(1998~2000), 〈로맨스〉(1998), 〈웬만해선 그들을 막을 순 없다〉(2000~2002)부터 최근의 〈한번 다녀왔습니다〉(2020), 〈마인〉(2021)에 이르기까지 기억에 남는 아역들이 등장할 수 있게 되었다. 이러한 산업적, 장르적 의의 및 거장 이준익과 스타 김민정, 정태우의 첫 영화로서 의미 외에도 〈키드캅〉은 1980~1990년대 어린 시절을 보낸 지금의 '어른이' 세대에게 계속해서 재주목 받으며 각광받고 있다. 그리고 자연스레 그 명성은 다음 세대 영화팬들에게도 전이되는 중이다. 어린 시절의 향수를 불러일으키는 시원한 가족 영화, 어린이 영화를 찾는다면, 이 실험적인 전설 역시 추천하는 바이다. 백화점에서 장난감으로 도둑 잡아 영웅이 된다니, 〈나 홀로 집에〉(1990), 〈박물관이 살아 있다〉(2006) 못지않게 어린 시절로 되돌려줄 수 있을 것이다. 역시 거장과 스타감이라면 소싯적부터 거목으로 자랄 '뿌리 깊은 나무'이기 마련인가 보다! ㅎㅎㅎ

<하면 된다>(2000)

: 원조 <기생충>!!!

지난 2020년 3월, 거장 봉준호 감독의 <기생충>(2019)이 미국 아카데
미 시상식에서 작품상, 감독상을 수상하면서 한국영화의 역사를 새로 썼
다. 초기 단편에서부터 보여준 가진 자와 못 가진 자 간의 갈등, 권력 구조
의 위선에 대한 관심을 블랙유머로 풀어오던 실력이 절정에 달하면서 깐
깐하기로 악명 높은 아카데미 심사위원회를 포함한 전 세계 평론가들이
마침내 인정해준 것이다. 사실 당연한 이야기지만 자본주의에 대한 담론

은 영화사 초기부터 주요 소재였다. 〈전함 포템킨〉(1925)을 비롯한 소비에트 영화들부터 서민들을 위로하는 '찰리 채플린'의 코미디 영화들은 물론이요, 60~70년대 격동기 시기 프랑스와 할리우드의 '누벨바그(Nouvelle Vague)', '뉴 아메리칸 시네마(New American Cinema)' 영화 운동 역시 그 대열에 포함된다. 이 대열에 한국영화도 빠지지 않는다. 특히 90년대 민주 정권의 등장으로 창작의 자유가 허용된 동시에 아이러니하게 IMF라는 국가적 경제 부도 위기를 맞이하면서, 한국 영화계는 새로운 문법의 바람이 불었다. IMF라는 사단의 원흉으로서 물질주의에 대한 회의를 가슴 아프게 현실적으로 직접 그리기보단 우화적으로 그리는 블랙코미디 장르가 인기를 끈 것이다.

그 시작을 본격적으로 보여준 영화는 (공교롭게 IMF보다 일찍 등장한) 김상진 감독의 〈돈을 갖고 튀어라〉(1995)와 신승수 감독의 〈할렐루야〉(1997)였고, 이후 김지운 감독의 〈조용한 가족〉(1998)과 〈반칙왕〉(2000), 장진 감독의 〈간첩 리철진〉(1999), 김상진 감독의 〈주유소 습격사건〉(1999), 그리고 물론 봉준호 감독의 〈플란다스의 개〉(2000)가 등장했다. 그리고 그 속에서 하나같이 거장들이 되는 감독들부터 박중훈, 송강호, 최민식, 한석규 등의 배우들이 힘없는 소시민, 가장으로서 연기를 보여주며 스타가 되었다. 이 화려한 리스트 가운데 아이러니하게도 박대영 감독의 〈하면 된다〉는 보다 더 파격적인 설정과 유머 감각을 보여주었음에도 거의 잊히다시피 한 상황이다. 개봉 당시 흥행에서 실패한 이유도 있겠지만, 개봉 전부터 화려한 주목을 받았던 전제부터, 흥행 여부에 상관없이 당시 세대

들의 입에 오르내리며 이후 세대에도 악명이든 유명이든 재주목받기 마련
인 경우가 많기에 이해하기 힘들다. 지금도 논쟁이 되는 상상력이지만 그
만큼 현실의 문제를 거리낌 없이 눈앞에 들이밀면서 비판하는 〈하면 된다〉
의 블랙유머를 분석해보겠다.

단란한(?) 네 식구 가족인 아버지 '병환', 어머니 '정림', 장녀 '장미', 장남
'대철'. 그러나 아버지 병환의 사업 실패로 가족 모두 반지하 단칸방으로 이
사를 떠난다. 오늘도 식사를 포장마차에서 해결한 후 병환은 주차된 트럭
뒤에서 노상방뇨를 하다 후진하는 트럭에 다리와 척추를 다치고 소변 세례
를 받는다. 다행히 치료는 잘 마쳤지만 병원비가 걱정되는 상황. 전 재산을
털어 병원비를 마련하는 한편 남은 현금을 저금하러 은행으로 간 어머니
정림은 생명보험 광고를 보고 보험료 등록으로 대신한다.

그로 인해 병원비를 갚고도 남을 보험료를 받은 병환은 지금의 빚을 청
산하기 위해 새로운 사업 방법을 생각한다. 바로 생명보험 가입 후 사고처
럼 보이도록 자해해 보험료를 받는 것! 이 위험천만한 계획에 자식들까지
동원한 병환과 정림은 손가락 절단부터 벼락 감전을 시도하나 부자연스럽
다(?) 판단해 그만둔다. 준비 없이는 낭패만 본다는 대철의 말에 따라 온
식구가 보험 관련 공부를 시작한다. 오랜 연구 끝에 처음 가족보험에서 시
작했다가 의심을 피하고자 개개인으로 등록한 이들은 한 번에 많은 보험료
가 청구되는 6등급을 노리기로 한다. 6등급에 분류되는 상해는 눈 하나 이
상 실명 위기, 뇌진탕급 두부 손상, 영구적 허리 디스크, 손가락 장애!!

자신 없어 하는 가족들을 뒤로하고 사다리 타기에서 져버린 대철은 술취한 해병대에게 "나는 57기다!! 공익근무….".라며 시비를 걸어 얻어터져 보지만, 가상한 노력과 달리 크게 다치진 못한다. 결국 어머니 정림이 나서서 디스크를 얻는 데 성공하고, 그에 용기를 얻은 가족들은 하나둘 자기 신체 훼손에 들어간다. 6등급을 노린 온 가족의 눈물겨운(?) 노력 끝에 이들은 빚을 탕감하고 2층짜리 새집으로 이사하여 새 삶을 시작하는 데 성공한다. 그러나 성취감도 잠시 이들에게 새로운 위기가 봉착하는데, 바로 보험조사관 '충언'의 등장! 가족들의 진상을 이미 알고 있는 듯 충언은 고소장을 협박하듯 주며 사라진다. 제대로 위기에 몰렸음을 느낀 가족들은 극단의 방법을 구사해 한밤중에 충언을 집으로 유인한다. 충언은 위험을 눈치채고 권총까지 소지해 대비하지만, 맨몸의 미인계(!!)를 펼치는 장미 앞에서 굴복하고 만다. 결국 장미와 억지로 결혼을 하게 된 충언. 그러나 신혼여행 후 장미에게 제대로 빠진 충언은 문제적 가족 편에 선다. 다 같이 휴가를 떠나던 때 충언은 가족들에게 더 크게 한탕 할 수 있는 계획을 제안한다. 가족이 없는 멀고 먼 친척 관계의 청년을 입양해 세 달 동거한 뒤 사고사로 위장하는 것!!! 그를 위해 친척들 사이에서 찾고 찾다 '광태'라는 이름의 백수건달을 찾아낸다.

그러나 생각보다 상상 초월이었던 광태. 삼류 건달 출신에 과격한 주정뱅이에 망나니였으니, 세 달까지 기다려야 하는 가족들에겐 벅찬 존재였다. 인내심을 가지고 기다리고 기다리던 세 달째 되는 날. 간단한 방법으로 세제 등 독극물을 섞고 음료수 통에 넣어놓고 기다린다. 그날 밤에 냉장

고에 실례까지 한 광태는 가족들의 기대대로 독극물 음료수를 마신다. 그리고 다음 날⋯. 광태는 멀쩡히 살아 있다! 두 번째 작전으로 맹견들을 동원해 풀어보는 가족들. 그러나 천하의 건달 광태는 명견들을 작살내놓고, 분노한 맹견들은 오히려 가족들은 노린다. 맹견들과 함께 따라온 댕댕이들에게 단체 응징을 당한 가족들은 결국 손으로(?) 나선다. 광태를 두들겨 패서 인근 쓰레기장에 버린 다음 날⋯. 마침내 광태를 발견하였다는 경찰의 연락. 대성통곡 연습이 무색하게도 광태는 이번에도 멀쩡하기만 하다. 초인(?) 광태를 이길 수 없는 가족들은 거금을 주고 광태를 내쫓는데⋯. 그런데 웬일??? 바로 예상치 못한 광태의 죽음으로 보험료를 얻어내는 데 성공한 가족들. 그러나 그 돈을 나누는 과정에서 누가 더 많이 받아야 하는지 갈등이 생기기 시작한다. 여기에 충언에게 전과가 있음을 알게 되자 가족들은 마지막 더 큰 한탕(?)을 위해 새로운 음모를 꾸리게 된다⋯.

얼핏 말도 안 되고 어이없는 설정 같지만 무시할 수 없는 이야기다. 여러 실화들을 근거로 했기 때문이다. 실제로 IMF 직후 국내에서 스스로 사고를 일으키거나 자해를 해 보험금을 타내거나 공갈로 합의금을 뜯어낸 보험사기가 급증하였다. 더군다나 영화가 당시로서 그럴싸했던 게, 지금처럼 CCTV가 일반화되지 않았고 전산처리 방식이 막 시작되던 시기여서 수기로 작성하던 방식이 남아 기록 조사조차 쉽지 않았던 때다. 인터넷은 모뎀을 사용하는 초창기였고 SNS라는 게 없던 건 말할 필요 없다. 그렇기에 이 가족들의 사기극은 〈기생충〉만큼이나 감쪽같아 보였을 게다. 물론 코미디로 과장되어서 그렇지. 그렇다고 주인공들에게 동정심이 들지 않는 것도 아니다. 이들 역시 IMF의 피해자이기 때문이다. 물론 초반 가족의 파산이 IMF 때문이라고 직접 나오지 않지만, IMF 이후에도 2000년까지 여러 중소기업, 소매상들이 도미노처럼 도산했기에 주인공들도 자유롭지 못했을 게다. 그리고 국가는 어느 복지 정책으로 그들을 도와주지 않는다. 이러한 상황에 법의 사각지대가 넓었던 당시 사람들은 실제로 살아남기 위해 수단 방법 가리지 않았다. 결국 주인공들의 범죄극은 서민층을 도와주지 않는 국가 제도에 대한 반항이자 발악인 셈이다. 그래서 마침 영화도 적절한 선에서 이 반영웅(?)들을 동정심 가게 묘사한다.

특히 이들은 현실에서 자주 발생하는 공갈이나 가족원 사고사 위장을 하지 않는다. 서로에게 고통을 떠맡기는 한이 있더라도 이들은 서로 합심하고 최소한으로 보호해주며 보험제도를 상대로 사기극을 벌인다. 충언을 만나기 전까진. 충언은 사기전과가 있고 총까지 휴대하는 등 불법에 양심의 가책이 없는 캐릭터다. 그래서 그는 가족들에게 광태를 유인해 살해하기를 제안하고, 여기서부터 물들어버린 가족은 비극을 향해 내달린다. 오래전 고대 로마 제국 시절에 종교 단체 조합원 유가족 부양에서 기원하여 1762 년에서야 근대화된 '보험'이라는 개념은 위험에 처한 이들이 자신의 위험을 보험회사로서 제3자에게 전가하여 대가를 지불하게 해주는 사회적 제도이다. 즉 공동의 노력으로 위기를 극복하는 상부상조 관행의 경제적 받침대이자 휴머니티의 받침대가 초창기부터 있어왔던 셈이다. 그러나 그 선의가 목적으로 기울어지면 어떻게 될 것인가. 더 이상 보호해주어야 할 대상으로서 같은 인간이 아닌 돈줄로 보이게 될 것이다. 또 그렇게 새로운 잉여 재산을 추구하게 되는 것이 자본론의 원리이기도 할 게다. 이를 최근 전국을 뒤집은 이은해 사건과 함께 상기하면 웃어넘길 수 없을 만큼 끔찍해진다.(동일하게 전개되는 영화의 클라이맥스도 마찬가지;)

이런 무거운 고찰은 둘째치더라도, 영화는 그 자체로 충분히 재밌다. 당시 라이징 스타에서 현재 거물급 배우들이 되는 주인공 '정준', '박진희', '안석환', '송옥숙', '박상면'의 젊은 시절을 보는 것부터, 의외의 단역으로 등장하는 '박철민', '김구택', '조승연' 등 대배우들의 무명 시절 모습을 찾아보는 재미도 쏠쏠하다. 특히 슈퍼히어로를 방불케 하는 생명력의 광태를 연기한 '이범수'는 지금의 중후한 카리스마나 인간미와는 전혀 다른 타의추종 불허의 매력으로 이목을 끈다. 물론 고통을 자처하는 슬랩스틱 코미디들도 한몫한다. 더불어 당시 한국 코미디 영화들이 그렇듯 유명 영화와 대중문화를 패러디하고 인용한 장면들도 보인다. 막판 결투에서는 〈매트릭스〉(1999)를 어설프게 흉내 냈고, 6등급 도전자 선정 사다리 타기 게임은 추억의 플래시 애니메이션으로 표현되었다.(애니메이션은 당시 인기 온라인 게임 랭킹 사이트 '(주)배틀탑'에서 제작해주었다.) 그 외 저작권법이 약했던 시기라 무단으로 도용된 부분도 있다. 가족들이 합심해 첫 가족보험을 타내 환호하는 장면에서는 〈록키〉(1976) 테마곡이 뻔뻔하게 흐른다. 다행히 좋은 오리지널 사운드트랙도 넘쳐난다. 오프닝에서부터 '닥터코어 911'의 〈닥터문이〉부터, 의욕에 찬 가족들이 비장하게 걸어갈 때의 '떼창'의 〈똑바로 살아라〉, 그 외 '크라잉넛', '황신혜밴드' 등 인기 있던 인디 록밴드들의 노래들이 귀를 즐겁게 해준다.

영화 이후 모두 어떻게 되었을까. 물론 주연 배우들부터 단역의 박철민 배우까지 모두 대스타가 된 건 모두 아는 사실. 가장 안타까운 건 박대영 감독일 게다. 인기스타 장동건, 고소영을 주연으로 내세운 로드무비 멜로 〈연풍연가〉(1999)로 주목을 받으며 데뷔한 뒤 두 번째로 연출한 이 영화부터 5년 만에 내놓은 멜로물 〈허밍〉(2007)까지 흥행에 실패하면서 차기작 소식이 없는 상태다. 나름 야심 어린 주제의식과 집중력 있는 스토리텔링을 보인 감독임에도 새로 상업 장편을 연출할 기회를 얻지 못하고 있다니 아쉽다. 만든 세 작품 모두 흥행 불문하고 각자 매력들을 갖고 있다는 점에서 역시 잊히고 있는 점도 아쉽다. 〈하면 된다〉는 90년대 말부터 2000년대 초반까지 한국 코미디 급부상 시대의 산물이기도 하다. 〈두사부일체〉(2001), 〈엽기적인 그녀〉(2001), 〈가문의 영광〉(2002) 등 유명작들 외에도 그 성공에 힘입어 무작위로 기획된 〈4 발가락〉(2002), 〈철없는 아내와 파란만장한 남편, 그리고 태권소녀〉(2002), 〈정글쥬스〉(2002), 그리고 '비운의 명작' 〈재밌는 영화〉(2002)까지 정신 사나울 만큼 줄줄이 과생산되었고, 인기 스타진부터 당시 본격화된 영화 마케팅, 멀티플렉스 극장을 통해 개봉 초기에는 잠시나마 주목받기도 했다. 그러나 어떤 영화든 어떠한 이야기를 다뤘든 간에, 이들 모두 단순히 잠깐 동안의 허허실실을 다루지 않고 대한민국이 앓아온 골칫거리 문제들, 특히 서민층의 고충을 무시하지 않고 꼬집어 쾌감을 줄 수 있었다.

누군가에겐 보기 불편하고 끔찍하더라도, 이 모두 현실에 기반하고 있는 이야기들이다. 단순히 옳고 그름의 경계가 아닌 하나의 현상이며 (채플린의 말을 인용하자면) 멀리서 보면 나약하고 우스울 뿐이다. 여기에 (히치콕의 말도 인용하자면) 인간은 공포를 회피하고 싶으면서도 롤러코스터처럼 즐기고 싶어 하는 본능까지 부합해보면, 공포와 유머는 사실상 하나의 감정이자 장르나 마찬가지다. 현실과 연계한 어두운 유머들이야말로 효과 있고 인기 있는 이유가 그 때문이다. 그런 이유로 필자는 "PC(politically correct : 정치적 공정성)주의로 얼마든지 웃길 수 있으며, 현재 코미디를 하기 힘들다는 주장들은 시대착오적이다."라는 주장엔 절대 동의할 수가 없다. IMF의 후폭풍은 이제 지나갔고, 재정비로 한국 영화계는 2003년 〈살인의 추억〉, 〈올드보이〉라는 두 흥행 및 세계적 수상작들을 내놓으며 르네상스를 맞았다. 그리고 17년 뒤, 우리는 〈기생충〉으로 아카데미 영화제를 석권했다. 그러나 이는 기쁜 일만으로 볼 순 없다. IMF로부터 23년여, 〈하면 된다〉로부터 20년이 지났지만, 자본주의의 모순은 지금도 역력하기에 〈기생충〉이라는 희비극이 주목받지 않을 수 없던 게다. IMF와 〈하면 된다〉의 희비극은 아직 끝나지 않았음을 증명해보인 셈이다. 그 점에서 부유층에 남몰래 기생하던 기택 네 가족, 문광 부부 이전 자기 목숨까지 걸며 반란을 보여준 이 가족들을 잊지 말아야 할 것이다. 물론 이 가족들 자체가 대박인 점도 있고.^^;;ㅋㅋㅋ

(여담1 : 영화 엔딩에서 박인환, 나문희, 고호경, 이윤성이 카메오로 출연한다. 사실 박대영 감독은 본 영화와 비슷한 〈조용한 가족〉의 조감독 출신으로, 인연이 있던 〈조용한 가족〉 출연진에게 엔딩을 맡기며 연장선상을 추구했다. 흠~ 〈조용한 가족〉과 〈하면 된다〉가 같은 '시네마틱 유니버스'???ㅋ)

(여담2 : 공교롭게도 현재 유통되는 본 영화의 DVD 및 디지털 매체는 개봉판 버전에서 재편집된 버전이다. 개봉판과 VHS판에서는 유지되었던(중요한 플롯 중 하나인) 충식과 병환, 정림 부부가 서로의 보험금을 노리고 살인을 계획하며 가족여행을 떠나는 클라이맥스가 어떤 이유인지 삭제되어 바로 조용한 가족을 만나는 에필로그로 이어진다. 아마도 존속 살해, 모방 범죄 이슈 때문이 아닌가 싶지만, 애초 영화의 설정, 주제 자체가 그를 다루고 있기에 이해할 수 없다. 그러므로 본작을 보고 싶다면 화질이 조악하더라도 VHS나 그리핑 파일로 찾아보길 권장한다!!)

4장

빛이 있으면 어둠도 있는 법
: 호러

환상특급 극장판(1983) & 크립쇼(1982)
: 쥐이는 이야기(들) 해줄까?

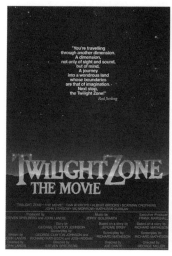

이제 그 인기는 식었지만, 한때 여러 단편 이야기들을 모은 '옴니버스 (Omnibus/Anthology)' 영화가 국내외로 유행했었다. 우리에게 익숙한 〈러 브 액츄얼리〉(2003)부터 〈내 생애 가장 아름다운 일주일〉(2005), 〈무서 운 이야기〉(2012) 등이 그 대표적인 예이다. 당연히 그 시작은 영화의 고 장 할리우드에서부터 시작됐다. 최초로 이를 시도한 영화는 1932년 작 〈그 랜드 호텔〉이었고, 70년대 장르영화 붐이 일며 유행으로서 안착하게 되었

다. 특히 80년대에 호러 열기가 불며 당연히 공포 옴니버스 영화들이 제작되었다. 주로 당시 유행하던 자극적인 내용의 기사, 단편, 만화를 기재하는 펄프 잡지(pulp magazine)를 기반으로 만들어졌는데, 〈환상특급 극장판〉과 〈크립쇼〉도 그와 같은 기반에서 파생된 작품들이다. 이 영화가 아니었다면 〈무서운 이야기〉, 〈VHS: 죽음을 부르는 비디오〉(2012), 〈죽음의 ABC〉(2012)와 같은 콘셉트의 최근 영화들은 물론이고, 〈그렘린〉(1984), 〈꼬마돼지 베이브〉(1995), 〈프라이트너〉(1996), 〈황혼에서 새벽까지〉(1996), 〈매드 맥스4 : 분노의 도로〉(2015), 〈겟아웃〉(2017), 〈어스〉(2019) 그리고 넷플렉스 시리즈 〈기묘한 이야기〉와 〈블랙 미러〉는 세상에 나오지 못했을 것이다. 먼저 〈환상특급〉에 대해 이야기하자면 매우 긴 이야기가될 것이다. 영화 자체도 흥미롭지만, 영화 뒷이야기가 더 눈에 띄기 때문이다. 눈에 띈다기보단, 끔찍하리만큼 비극적이지만.

'환상특급'이라는 이름은 중견 세대에게 있어 익숙한 타이틀일 게다. SF/판타지 장르의 기묘한 이야기들을 방영해주던 1950년대 미국 TV 단막극 시리즈로, 우리나라를 포함해 전 세계적으로 방영되고, 1980년대에도 현대적으로 리메이크되어 우리나라는 물론 전 세계로 방영된 유명 시리즈다. 이 시리즈의 창조자는 작가 '로드 설링'이었다. 설링은 태평양 전쟁에 참전한 영웅이었으나 그 과정에서 서로 죽고 죽이며 혐오하는 광경을 목격하면서 인간의 본성에 대한 단막극 시리즈를 만들고자 했다. 그러나 사회 이슈를 직접 다루는 이야기를 만드는 건 냉전 시절 당시 철저히 제재되었다. 그래서 설링은 이 문제를 피하고자 SF/판타지 장르로 바꿔 당대 인기 펄프 작가들부터 유명 TV PD들을 섭외해 제작에 들어갔다. 59년 CBS방송사에 제의했다. 그 결과 역사상 유명한 TV 시리즈가 탄생되었다. 성공에 힘입어 설링은 극장용 영화 제작 역시 노리며 '워너 브라더스' 사와 접촉하였다. 그러나 좌절만 계속되던 끝에 설링은 75년 사망하였다.

워너 브라더스 사 내부에서 잠들어 있던 〈환상특급 극장판〉 기획은 흥행 감독 '스티븐 스필버그'에게 의뢰되며 깨어났다. 어릴 적부터 시리즈의 열성팬이던 스필버그는 바로 의뢰를 수락하였고, 함께할 촉망받는 친구 감독들을 모으기 시작했다. 그 결과 '존 랜디스'(〈블루스 브라더스〉(1980), 〈런던의 늑대인간〉(1981)), '조 단테'(피라냐(1978), 하울링(1981)), '조지 밀러'(〈매드 맥스〉(1979))가 공동연출을 위해 뭉쳤고, 여기에 〈E.T〉(1982)부터 유명 영화들을 촬영해온 '앨런 다비오' 촬영감독부터 〈오멘〉(1976) 등으로 영화음악상을 여러 차례 수상한 작곡가 '제리 골드스미스'에, '댄 애크로이드', '스캣맨 크로더스', '캐슬리 퀸런', '버지스 매리디스', '케빈 맥카시'까지 스타 배우들이 총출동했다. 명작 TV 시리즈 원작으로 스필버그를 비롯한 명감독들과 스타들이 참여한 이 프로젝트는 야심찬 만큼 흥행할 것을 기대 받았다. 그러나 영화는 내외로 끔찍한 운명을 맞아야 했다.

비극의 주인공은 존 랜디스 감독이 연출한 "시간 밖으로(Time Out)" 에피소드였다. 내용은 계속되는 승진 실패와 재정 문제를 유색 인종 탓으로 돌리는 비즈니스맨이 난데없이 나치 독일, 20세기 초 미국 남부, 베트남전쟁으로 시간여행을 오가며 직접 인종차별을 체감하는 이야기다. 주인공은 과거 TV 드라마 〈전투(Combat!)〉의 주인공으로 우리나라에서도 인기를 끌었던 '빅 모로'가 연기했으며 그의 팬인 스필버그가 직접 그를 선정했다. 당시 〈전투〉 종영 후 침체기에 빠져 있던 모로는 자신을 캐스팅해준 스필버그에게 감사하며 기꺼이 출연해주었다. 모든 촬영이 마무리되었지만, 스필버그는 클라이맥스 엔딩을 새롭게 재촬영하길 랜디스에게 요구하였다. 바뀐 엔딩은 베트남 전투 한가운데로 날아간 주인공이 미군에게 학살당할 뻔한 베트남 아이들을 구해내며 개과천선하는 결말이었다.

감독들 개성 따라 색다른 4가지 〈환상특급 극장판〉 에피소드들
: (시계 방향으로)'시간 밖으로', '깡통 차기', '멋진 인생', '2만 피트 상공에서의 악몽'

힘들게 모든 촬영을 마쳤는데 전투신이라는 큰 규모 촬영을 다시 하면서 배우와 스텝 모두 지쳐 있었다. 존 랜디스 감독도 완벽주의를 추구하다 보

니 촬영시간이 지체됐다. 공중에는 실제 헬기가 비행하고 있었다. 빅 모로가 두 아역배우를 양팔에 끼고 연못을 건너는 연기를 하고 있던 그 순간 폭파 효과에 헬기가 중심을 잃고 그들 머리 위로 추락했다. 결국 모로와 두 아역배우는 그 자리에서 즉사하고 말았다. 주연배우부터 아역배우까지 촬영 중 사망하였다는 사례는 할리우드에서 전대미문의 참사였기에 전국적으로 주목을 받게 된다. 설상가상으로 조사 결과 아역배우들이 할리우드 노동시간 규제를 피하고자 비공개로 캐스팅된, 즉 불법으로 캐스팅됐다는 사실부터 촬영시간 규정을 초과하기까지 한 사실이 밝혀지며 논란은 커졌다.

결국 불법적인 환경에서 촬영하였으니 사고가 발생할 수밖에 없었다는 결론에 이르자 랜디스 감독과 그의 휘하 제작진은 10년에 걸친 법정 공방을 맞는다. 그 결과 과실치사 혐의를 선고받으나 사망한 아역배우 유가족들에게 각 2백만 달러를 배상하는 정도의 판결로 끝난다. 그러나 사실 랜디스 감독에게도 억울한 입장은 있었다. 훗날에 그는 이미 촬영을 다 마쳤음에도 스필버그가 재촬영을 종용했던 데다, 사고 후 자기 혼자 혐의에서 빠져나가 죽은 모로가 자신의 꿈에 나타날 정도로 충격을 받았다는 인터뷰를 마치 영화의 홍보처럼 하고 다녀 마음 상했다는 의견을 발표했다. 이 일로 랜디스와 스필버그와의 우정은 깨지고 말았다. 자연스레 이 사건은 개봉 시에도 치명타가 되어 돌아왔다. 사람들도 영화를 보고 그 자체로서 평가하기보단 비난만 하며 재판에 관련한 가십성 뉴스들에 집중하면서 영화로부터도 멀어지고 말았다. 그러나 여파는 그에서 끝나지 않고 그 다음 에피소드 〈깡통 차기(Kick the Can)〉에까지 영향을 미쳤다. 이 에피소드는 한 양로원에 신비로운 노신

사가 찾아와 노인들을 하룻밤 동안 아이들 시절로 되돌려주는 동화 같은 이야기다. 결과적으로 기괴함으로 대표되던 TV 시리즈의 명성과 다른 지루한 에피소드가 되어버렸다. 그럴 수밖에 없던 것이 이 에피소드를 직접 연출한 스필버그는 사고로 존경하는 배우부터 아이들이 희생된 데 죄책감에 시달려 아역배우를 상대로 위험한 촬영을 하지 않기로 결심했다. 그래서 원래 기획하던 외계인 침공 이야기를 포기하고 안전하게 촬영할 수 있는 동시에 자신에게도 평온을 주는 이 이야기를 선택해버린 것이다. 사고로 인해 미완으로 끝난 첫 번째 에피소드와 가십 뉴스에 집중한 관객들의 외면과 함께 지루해진 이 에피소드도 영화가 실패하는 또 다른 발판이 되어주었다.

다행히 이 둘을 참고 넘어가면 영화의 본성다운 최고의 에피소드들이 이어진다. 조 단테가 연출한 〈멋진 인생(It's a Good Life)〉은 초능력으로 하고 싶은 일, 갖고 싶은 것, 모든 것을 이루는 소년과 그 가족들의 이야기를 다뤘다. 원작 시리즈에서도 최고의 에피소드로 손꼽히는 플롯을 기반으로 한 이번 에피소드는 초능력으로 무한권력을 가지게 되면 아무리 순수한 아이라도 얼마나 공포스러울 수 있을지 보여주며 독재에 대한 경고를 그린다. 영화는 이를 주인공이 즐겨보는 TV 만화로 상징해 보여준다. 소년은 TV에서 방영되는 시끌벅적한 만화에서는 나쁜 일이 절대 일어나지 않는다며 매일 반복해서 보는 것도 모자라, 식구들까지 강제로 보도록 이끈다. 그러다 반항하거나 맘에 들지 않는 식구는 만화 같은 방법으로 응징하거나 끔찍하게 죽게 만든다. 급기야 만화 속 괴물 캐릭터를 TV를 뚫고 현실로 끌어들인다. 클래식한 음향효과에 과장된 괴물의 디자인이 익살스럽지만 오히려 공포감을 준다.

마지막 조지 밀러 감독의 〈2만 피트 상공의 악몽(Nightmare at 20,000 Feet)〉 에피소드는 비행공포증이 있는 남자가 비행기의 엔진을 부수는 괴물을 목격하며 벌어지는 소동을 그렸다. 추락하는 위기일발을 막고자 하지만 비행공포증 망상이라며 무시 받는 이 불쌍한 주인공을 맡은 배우는 〈클리프행어〉(1993), 〈인터스텔라〉(2014), 그리고 최근 〈밤쉘〉(2020)에서 개성 강한 연기를 보여준 '존 리스고우'가 열연했다. 악역으로 익숙한 그의 이목구비 강한 얼굴과 기묘한 표정은 비행공포증을 체감하기 충분하게 해주었다. 그러나 이번 에피소드의 하이라이트는 당연 괴물이다. 원작에선 우스꽝스런 고릴라 같이 분장되었던 괴물은 영화 버전에서는 애니메트로닉스 인형으로 만든 긴 머리털 달린 징그러운 도마뱀 인간으로 변신했다. 이부터 세 번째 에피소드의 만화 괴물 모두는 유명 특수분장사 '롭 보틴'의 솜씨다. 그는 전년도에 '존 카펜터' 감독의 〈괴물〉에서 충격적인 특수효과를 보여주며 주목받았고, 이후 〈로보캅〉(1987), 〈토탈리콜〉(1990)에서도 그 솜씨를 뽐냈다. 여기에 밀러 감독답게 〈매드 맥스〉 못지않은 무시무시한 속도감이 눈을 뗄 수 없게 만든다.

〈환상특급 극장판〉이 논쟁에 휩쓸리며 실패했던 반면 전년도에 개봉한 〈크립쇼〉는 낯설었던 콘셉트의 위기를 잘 극복하며 성공한 사례이다. 이 프로젝트는 당시 호러계의 4대 천왕이 뭉쳐 만든 초특급 프로젝트였다. 먼저 영화의 원안은 40~50년대 유행했던 공포만화 잡지 시리즈 〈Tales from the Crypy〉에 기반하고 있다. 변두리 만화사였던 EC 코믹스(Entertainment Comics)에서는 새로운 만화책 콘텐츠로 공포와 잔혹, 범죄와 반전으로 가득한 괴담 만화 시리즈를 펴냈다. 이 시리즈는 발간되자마자 그 독특함과 과격한 묘사로 큰 인기를 누렸으나, 1948년 청소년 모방 범죄가 발생하자 미 정부는 심리학자들까지 동원하며 만화책 심의를 직접 나서기에 이르렀고 부모들은 '만화책 소각운동'을 벌였다.

결국 시리즈는 일시 중단되었지만, 이후 만화광들의 대표 수집품으로 재주목을 받으며 만화계 고전의 자리에 올랐다. 그리고 이에 역시 열광하던 3인의 호러 거장들의 합심 아래 영화 〈크립쇼〉로 이어졌다. 그 세 명은 각본을 맡은 유명 소설가 '스티븐 킹', 〈살아있는 시체들의 밤〉(1968)의 '조지 A. 로메로' 감독, 그리고 〈13일의 금요일〉(1980)의 특수효과 감독 '톰 사비니'였다.

역시 각기 색다른 〈크립쇼〉 에피소드들
: (시계 방향으로)'아버지의 날', '조디 베릴의 외로운 죽음', '밀물이 밀려든다', '상자'

첫 번째 에피소드 "아버지의 날(Father's Day)"은 제목 그대로 아버지의 날 명절에 무덤에서 되돌아온 한 부잣집 아버지와 그 가족의 이야기를 그린다. 딸을 부려먹고 그녀의 애인까지 살해한 탐욕스런 아버지는 아버지의 날에 분노한 딸에게 살해당한다. 그러나 그는 좀비가 되어 무덤에서 기어나와 다시 탐욕스럽게 아버지의 날 케이크를 달라며 살육을 시작한다. 심플한 괴담이지만 영화의 첫 에피소드로서 좋은 시작이다. 두 번째 "조디 베릴의 외로운 죽음(The Lonesome Death of Jordy Verrill)"는 유성을 만지고 온몸에서 이끼가 자라 비극적인 최후를 맞는 멍청한 농장주 이야기다. 괴물이나 귀신이 등장하지 않지만, 온몸 자체가 정글처럼 이끼로 뒤덮이는 주인공의 모습은 바디-호러(Body-Horror)물처럼 보기 괴롭게 만든다. 이 불쌍하면서도 멍청한 농장주는 작가 킹이 직접 연기했다. 진지하면서도 기괴한 이야기들을 써내는 지적인 작가로 유명한 그가 실제로도 저러지 않을까 싶을 만큼의 연기 실력까지 보여준다.

세 번째 에피소드 "밀물이 밀려든다(Something to Tide You Over)"에서도 의외의 명연기가 기다린다. 유명한 희극배우 '레슬리 닐슨'은 바람 피운 아내와 그의 젊은 애인을 바닷가에 목까지 파묻고 밀물에 익사하는 모습을 실시간으로 녹화해 즐겨보는 싸이코를 연기한다. 〈총알 탄 사나이〉나 〈무서운 영화〉 시리즈에서의 코믹연기는 온데간데없고 피눈물도 없는 악한을 살 떨리게 연기한 닐슨을 보면 그도 충분히 무서울 수 있음으로써 여전히 '연기파'임을 보여준다. 영화에서 가장 러닝타임이 긴 네 번째 에피소드 "상자(The Crate)"는 대학 연구실에 몰래 들여진 수수께끼 상자 속 식인 괴물이 벌이는 소동을 담았다. 전형적인 괴수 스토리지만 앞의 흥미진진했던 에피소드들에 집중되어 왔다면 이번 평범한 이야기도 재밌게 볼 수 있다. 동시에 톰 사비니가 만든 만화적인 잔혹 장면들도 심심치 않게 등장해 볼거리(?)를 제공해준다.

마지막 에피소드 "그들이 너의 위로 기어오른다(They're Creeping Up On You)"는 심한 결벽증으로 순백 무균실 안에서만 지내는 구두쇠 노인과 바퀴벌레들의 이야기다. 이 에피소드는 내외적으로 특별한 상징을 보이는데, 여기서 주인공은 벌레를 혐오할 뿐만 아니라 미국 경제위기를 이민자들 탓으로 돌리고 흑인 집사에게도 모욕적인 말을 쉽게 하는가 하면, 입 냄새 난다고 직접 대화하지 않고 인터폰으로만 대화한다. 그 점에서 그의 심각한 결벽증을 곧 인종차별과 연결 짓는다면 보다 흥미롭게 다가온다. 결국 차별만큼이나 바퀴벌레를 죽이는 것까지 즐기던 그는 분노한 바퀴벌레들에게 덮쳐지는 끔찍한 최후를 맞는다. 당연히 컴퓨터 그래픽이 없던 시절이니 영화에서 배우를 덮치고 파먹는 수천마리 바퀴벌레들은 모두 실제 살아 있는 바퀴벌레들이다. 다채로운 에피소드들과 함께 영화의 또 다른 특징은 기발한 분할 편집과 원색으로 과장된 조명효과다. 이는 원작 만화책의 효과를 그대로 인용한 것으로, 그답게 진짜 만화를 읽는 것 같은 시각적 재미를 제공한다. 그리고 이는 리안 감독의 〈헐크〉(2003)에도 영감을 제공해준다.

두 영화는 똑같이 공포 장르 중심의 옴니버스 영화라는 공통점에서부터 이후 만들어진 호러 옴니버스의 기틀이 되어주었다. 물론 이전에도 〈괴담〉 (1964), 〈블랙 사바스〉(1963)가 있긴 있었지만, 이 두 작품들은 호러 옴니 버스의 대중화를 시도한 것으로 평가받고 있다. 그러나 첫 시도였던 만큼 바로 큰 성과를 거두지는 못하고 말았다. 그나마 〈크립쇼〉가 마니아들의 찬사를 받으며 작은 흥행을 거두긴 했지만, 〈환상특급 극장판〉은 사고에 대한 논란과 비난을 받으며 참패를 겪었다. 1990~2000년대에 들어서 리 메이크된 〈환상특급〉부터 〈어메이징 스토리〉, 〈제3의 눈〉까지 TV 단막극 장르가 부활함과 동시에 〈펄프 픽션〉(1994), 〈쓰리〉(2002), 〈무서운 이야 기〉, 〈VHS: 죽음을 부르는 비디오〉, 그리고 〈죽음의 ABC〉까지 새로운 호 러 옴니버스 영화들이 등장함에 따라, 그 기원격으로써 두 작품이 영화팬 들의 재주목을 받게 되었다.

특히 〈크립쇼〉는 흥행 제작자 '조엘 실버(Joel Silver)'의 이목을 끌었고 같은 원작을 기반으로 단막극 시리즈 〈Tales from the Crypt〉를 제작했다. 유명 제작자가 나선 만큼 스타 배우부터 감독군까지 참여했고, 케이블 방 송사 HBO를 통하여 공중파로는 방영 불가능한 잔혹성과 선정성으로 원작 의 스타일을 고수했다. 그 결과 89년 첫 방영되자마자 대히트를 쳤고 7년 동안 장기 방영되었다. 우리나라에서도 케이블을 통해 〈크리프트 스토리〉 (혹은 〈납골당 미스터리〉)라는 제목으로 그 명성을 알렸다. 이만큼 긴 인기 가 있었으니 마찬가지로 극장판 기획이 이뤄졌다. 단 옴니버스가 아닌 단 독 스토리로 기획되어졌고, 가장 짜릿한 이야기가 필요해 여러 시나리오 후보군 끝에 〈데몬 나이트〉(1995)와 〈뱀파이어와의 정사〉(1996) 두 편이 만들어졌다. 그러나 공교롭게도 흥행 실패만 겪고 끝난다. 아이러니한 점은 후보 시나리오들 중에 지금은 공포 클래식이 된 〈프라이트너〉와 〈황혼에서 새벽까지〉가 있었다는 사실이다.

그럼 〈환상특급 극장판〉의 경우는 이후 어떻게 되었을까? 힘겹고 긴 법정 공방 후 존 랜디스 감독은 〈에디 머피의 구혼작전〉(1988), 〈비버리 힐즈 캅 3〉(1994)까지를 만들고 자신을 받아주지 않는 할리우드를 떠나 독립 및 영국 중심으로 활동하고 있다. 스필버그와 조우한 조 단테는 그의 제작사 '앰블린 엔터테인먼트'을 통해 고전이 되는 〈그렘린〉, 〈이너스페이스〉(1987), 〈스몰솔져〉(1999)를 만든다. 할리우드에 입성한 조지 밀러 감독 역시 〈이스트윅의 마녀들〉(1987), 〈로렌조 오일〉(1992)를 만들고 제작자가 되어 〈꼬마돼지 베이브〉 시리즈를 제작하기에 이른다. 당연히 할리우드의 빵빵한 지원으로 돌아온 〈매드맥스 4: 분노의 도로〉도 마찬가지. 미국을 대표하는 거장이 된 스필버그는 말할 것도 없다.

물론 쉽고 빠른 제작을 핑계로 법을 어겨 3명의 인명 피해를 자초하고, 그 결과 대중에게 버림받는 결과를 초래했지만, 고전 TV 시리즈의 명성을 되살리고자 대표 감독들이 모여 블록버스터화시킨 〈환상특급 극장판〉은 그 의도로서 충분히 가치가 있다는 게 현대 장르 마니아들의 의견이다. 그리고 흥행 실패 대신 80년대 판 리메이크부터 역시 스필버그가 직접 제작한 〈어메이징 스토리〉, 그리고 이 둘에게 오마주를 바치는 〈기묘한 이야기〉, 〈블랙 미러〉, 그리고 '조던 필' 감독이 제작한 2019년도 리메이크 시리즈까지 레거시가 이어졌다. 필 감독 역시 〈겟 아웃〉과 〈어스〉에서의 상상력을 〈환상특급〉 TV 시리즈와 극장판에서 얻었다는 이야기는 유명하다. 짜릿한 공포와 유머가 그리울 때 각기 다른 스타일들의 거장들이 뭉쳐 가지각색 매운 맛들을 담은 이 두 편의 영화, 9편의 옴니버스 단편들을 추천하는 바이다. 한 가격으로 즐기는 다수의 이 '쥐이는 이야기' 패키지를 어떻게 뿌리칠 수 있겠는가?

블랙 크리스마스(1974)
: 그 숨겨진 검은 다이아몬드!

크리스마스 하면 〈나 홀로 집에〉(1990)나 〈로맨틱 홀리데이〉(2006)처럼 사랑하는 가족, 연인과 함께하거나, 눈사람 혹은 산타의 탈을 쓴 살인마나 강도가 난동을 부리며 사람들의 영혼을 털어가는 날일 것이다(농담이다;^^). 빛이 있으면 그림자도 있는 법!

크리스마스는 오랜 영화사에서 장르 불문하고 다사다난한 사건들의 무대가 되어왔다. 현실에서도 세계적인 축제 시즌인 만큼 사건 사고가 터지기도 하고, (동심 파괴적이지만) 통계적으로 자살률도 높은 시즌으로 기록되기까지 하니까 말이다. 그러니 공포·스릴러의 무대가 되어온 것도 이상하진 않다.

산타 살인마가 등장하는 〈크리스마스 이블〉(1980), 〈죽음의 밤〉(1984), 〈산타 슬레이〉(2005)(이 영화는 압권인 게 산타가 그 이름도 비슷한 '사탄'의 아들이란다;)부터 자선을 베풀지 않고 탐욕스런 인간들을 심판하는 〈그렘린〉(1984), 〈크람푸스〉(2015), 〈더 로드〉(원제 : Dead End, 2003), 크리스마스를 한탕 범죄와 총격전의 시즌으로 잡은 〈리쎌 웨폰〉(1987), 〈코브라〉(1986), 〈레인디어 게임〉(2000), 〈키스 키스 뱅뱅〉(2006), 〈나쁜 산타〉(2003) 등의 영화들이 있어왔다. 심지어 여러 차례 영화화된 찰스 디킨스의 고전문학 『크리스마스 캐롤』도 성탄 전야 동안 유령들에게 심판받는 어두운 이야기 아니었던가?

이 쟁쟁한 리스트 가운데 '밥 클락' 감독의 캐나다 영화 1974년 〈블랙 크리스마스〉는 이 어두운 크리스마스 영화의 시작점이자 많은 컬트 팬을 보유한 베스트이자 영화사에 있어 중요한 기점을 남긴 영화로 전해지고 있다. 어느 작은 도심의 여대생 기숙사. 크리스마스를 며칠 앞두고 주인공 여학생들은 기숙사 거실을 크리스마스 장식으로 꾸미며 연휴를 보낼 기대에 부풀어 있다. 그런데 연휴 초부터 자꾸 이상한 전화가 온다. 기숙사 전화로 성적인 농락과 함께 짐승 같은 신음소리를 내뱉는 기괴한 목소리. 참다못해 터프한 성격의 '바브'는 전기 콘센트나 혀에 갖다 대라며 맞선다. 그러자 "너희들 다 죽인다."라는 섬뜩한 말을 남기며 전화를 끊는 목소리…. 장난 전화라 생각하고 넘어간 여대생들은 다시 크리스마스 준비를 한다. 자선과 사랑의 시즌 크리스마스지만 이 기숙사의 사람들은 그와 어울려 보이지 않는다.

바브는 성격이 터프한 만큼이나 남들에게 자주 짜증을 부리고 매사 술에 취해 있다. 기숙사 사감 '맥 아줌마' 역시 알코올 중독 치료를 받는 중임에도 불구하고 기숙사 곳곳에 술을 숨겨놓고 꺼내 마신다. 그나마 성실한 '제시카'도 좋은 상황은 아니다. 남자친구 '피터'의 아이를 원하지 않게 임신하게 되고 피터와도 의견이 갈려 고민스럽다.

주인공 제시카를 연기한 '올리비아 핫세'

이런 영화 있는 줄 몰랐을 걸???

한편 기숙사 학생 중 한 명인 '클레어'는 키우던 고양이가 보이지 않아 기숙사 곳곳을 찾아다닌다. 소리가 나는 벽장 안을 살피던 도중 세탁소 비닐로 클레어를 덮치는 누군가…. 클레어가 실종되자 기숙사 여학생들부터 연휴를 맞아 클레어를 데리러 온 그녀의 아버지까지 모두가 불안에 빠진다. 사감 맥 아줌마도 고양이를 찾기 위해 소리가 나는 다락방에 오른다. 그리고 그 안에서 비닐 랩에 얼굴이 감겨 질식해 안락의자에 앉혀진 제시카의 시체를 발견한다!

그리고 그 순간, 맥 아줌마 역시 사라진다! 기숙사에 혼자 남은 제시카는 다시 문제의 전화를 받는다. 자신을 '빌리'라고 부르며 마치 혼자 1인 다역을 하듯 여러 목소리 톤으로 혼자 대화하듯이 난폭한 말을 내뱉는 전화에 제시카는 다시 공포에 질린다. 전화를 끊자 순간 제시카 앞에 나타난 피터. 피터는 제시카와 아이를 위해 모든 책임을 지겠다며 청혼한다. 그러나 아직 결혼도 아이도 원하지 않는 제시카는 그를 단칼에 거절한다. 실망한 피터는 트리에 신경질을 부리며 후회할 거라는 말을 남기고 떠난다.

다시 한바탕 속상한 일을 겪은 제시카에게 곧 경찰 '풀러' 경위가 찾아온다. 클레어의 실종과 도심에서 벌어진 13살 소녀 살인사건을 동시 수사하던 풀러는 기숙사로 걸려온 음란전화에 대한 신고를 받고 이 모두가 연관되어 있다고 생각한다.

그래서 기숙사 전화에 도청 장치를 설치하고 다시 전화가 오기를 기다려

본다. 제시카는 이전 전화가 왔을 때 피터도 기숙사 안에 같이 있었으니, 집 안에서 전화를 걸었을 리 없으므로 그는 범인이 아니라고 생각한다. 그리고 다시 전화가 걸려오고 경찰의 위치 추적이 시작된다.

다시 1인 다역의 기괴한 음성이 들리고 제시카가 들어주고 받아주며 시간을 끈 끝에 찾아낸 전화의 발신지는… 기숙사 건물임이 밝혀진다! 풀러는 제시카에게 바로 기숙사에서 나오라 하지만, 제시카는 기숙사에 함께 있는 친구 '필'과 바브와 탈출하기 위해 위험을 무릅쓰고 2층으로 향한다.

제시카에게 집착해 기숙사를 기웃거리는 피터, 딸이 사라졌음에도 덤덤히 경찰의 수사를 따라다니는 클레어의 아버지, 그리고 크리스마스라고 자꾸 기숙사를 찾아오는 수상한 이웃들… 과연 범인의 정체는 무엇일까?

〈블랙 크리스마스〉는 스토리만 볼 때 단순해 보여도 단순한 공포물을 넘어 영화사적으로 큰 의의들을 남긴 영화다. 첫 번째로는 '영화사 최초의 슬래셔 영화'라는 점이다. '슬래셔(slasher)'라는 장르는 잘 알려져 있듯이 가면을 쓰는 등 정체불명 살인마가 주로 희생자들을 난도질(slash)하며 죽여나가는 공포영화의 하위 장르를 뜻한다. 물론 사실상 슬래셔의 기본이 된 영화들이 이전에 없었던 건 아니다.

같은 해 가면을 쓰고 황무지에서 10대들을 살해하는 〈텍사스 전기톱 학살〉이 먼저 선보여졌고, 그 전에도 '마리오 바바', '다리오 아르젠토' 등 이

탈리아 거장들에 의해 만들어진 일명 '지알로(giallo)' 영화들도 있었다. 심지어 더 거슬러 올라가면 '알프레드 히치콕'의 〈싸이코〉(1960)가 그 모든 초석을 마련해준 것이나 마찬가지다. 그럼에도 많은 영화팬들이 〈블랙 크리스마스〉를 최초의 슬래셔로 보는 이유는 무엇일까? 아마도 이 기본 요소에다 새롭게 '살인마의 시점샷(Poin of View, POV)'이 추가되었다는 점 때문일 것이다.

물론 이 또한 1960년 〈저주의 카메라〉에서 촬영기사인 살인범이 희생자들의 죽는 순간을 포착하는 시점 샷으로 먼저 표현됐었다. 그러나 여기선 카메라라는 도구가 그 눈을 대신해줬던 것과 달리, 〈블랙 크리스마스〉에서는 마치 살인마의 눈으로 영화가 전개되듯 그의 1인칭 시점샷 영상이 자주 등장한다.

실제로 이 영화로부터 4년 뒤 개봉되어 슬래셔의 고전으로 추앙받는 〈할로윈〉도 보면, 〈블랙 크리스마스〉와 똑같이 긴 롱테이크의 시점샷으로 시작한다. 그리고 살인마 역시 절반까지 클로즈업으로 잡히지 않아 그 정체가 미스터리 속에 숨는다. 똑같이 〈할로윈〉의 성공으로 만들어진 〈13일의 금요일〉(1980)에서도 같은 연출이 그대로 드러난다.

이처럼 비록 〈블랙 크리스마스〉가 슬래셔 장르를 새로이 창조해냈다고 보기 어려워도, 익히 알고 있는 장르의 기본 요소들을 집대성하고 이후 대표작들에 영향을 주었다는 점에서 분명 '최초의 슬래셔 영화'가 맞을 것이다.

〈블랙 크리스마스〉의 두 번째 의의는 '캐나다 호러영화 붐의 시작'이 되어준 점이다. 영화가 자국 캐나다 내에서 크게 성공하자 제작자들은 적은 제작비로도 쉽게 흥행할 수 있는 호러 장르, 슬래셔 장르의 가능성을 깨닫고 제작 몰이에 집중한다. 여기에 캐나다 정부도 자국 영화산업의 진흥을 위하여 '캐나다영화개발협회(Canadian Film Development Corporation, CFDC)'를 설립, 세금 감면과 함께 독립영화 지원 정책을 마련하면서 호러 제작 열풍에 불을 붙여주었다.

그 결과 〈피의 발렌타인〉(1981), 〈게이트〉(1987), 〈폭력교실 1984〉(1982) 그리고 〈큐브〉(1997)까지 걸작 캐나다 호러영화들이 쏟아져 나왔다. 특히 거장 '데이빗 크로넨버그' 감독도 이 배경 속에서 초기 단편들부터 시작해 장편 〈쉬버스〉(1975), 〈열외인간〉(1977), 〈스캐너스〉(1981)까지를 만들어 성공하면서, 최근의 〈이스턴 프라미스〉(2007), 〈맵 투 더 스타〉(2014)까지로 거장 자리에 오를 수 있었다. 밥 클락 감독도 영화의 성공 이후 똑같이 크리스마스 영화의 고전이 된 〈크리스마스 스토리〉(1983)를 비롯해 〈포키스〉(1981), 〈위트와 슬라이〉(1999)와 같은 유명 코미디 영화들을 만들어나갈 수 있게 되었다. 훗날 코미디로 유명해진 감독이 초창기에 슬래셔의 정석을 세웠다는 점을 생각하면 쇼킹하기 그지없을 것이다.

그 명성에 따라 당연히 리메이크가 이어졌다. 2006년과 2019년에 두 번에 걸쳐 리메이크되었으나, 이 모두 원작에 못 미친다는 평만 받고 흥행에 실패한다. 그중 2006년도 버전의 경우 억울한 비화가 있다. 감독 '글렌 모건'은 원작을 존중해 충실한 리메이크를 기획하였으나 제작자 '하비 와인스타인(!!)'은 고어와 액션을 추가하라고 강요하였다. 그 압박(혹은 협박)에 이기지 못한 모건 감독은 하는 수 없이 자극적인 장면들을 추가했지만 이상하게 와인스타인은 만족하지 않았다. 결국 그는 감독의 동의 없이 마음대로 재편집하고 나서야 영화를 개봉시켰다. 재편집으로 감독의 의도가 완전히 사라졌을 뿐 아니라 스토리도 엉성해져버렸으니 망작이 되는 건 당연하였다.

이를 비롯해 와인스타인의 여러 횡포부터 세계를 쇼킹하게 만든 '미투 고발' 이후 할리우드에서는 새 바람이 불었다. 그 바람은 2019년도 리메이크에도 영향을 미쳤다. 여성 감독 '소피아 타칼'이 연출을 맡은 이 버전에서 여대생들이 희생양이 아니라 맞서 싸우는 전사들로 재해석되었다. 그러나 살인마도 정신병자가 아니라 보수적인 남학생 클럽으로 설정하는 등 페미니즘 주제의식을 강조하는 식으로 만들다 보니, 서스펜스가 없어지며 좋은 평가를 받아내는 데도 실패한다.

두 편의 리메이크 모두 상업주의적으로 또는 새로운 급 변화라는 시대에 억지로 맞추려다 보니 원작 특유의 매력이 증발되어버린 결과라 평할 수 있을 것이다. 시대가 수차례 변해왔음에도 불구하고, 1974년도 오리지널 〈블랙 크리스마스〉의 섬뜩한 매력은 지금도 빛난다.

슬래셔의 시초로 평가받는 만큼 그 요소들이 군더더기 없이 깔끔히 맞춰져 있고, 잔혹 장면 없이도 무거운 분위기와 블랙유머만으로 공포감을 연출한다. 심지어 극중 여성 캐릭터들도 (2019년도 리메이크가 의식한 것처럼) 희생자에 불과해 보이겠지만 들여다보면 그만큼 여성이 가지는 공포와 욕망을 직접적으로 잘 보여준다. 그렇기에 보다 입체적으로 다가와 동정심을 함께 느낄 수 있었을 거다. 더도 말고 덜도 않는 고전의 매력이란 이런 매력인 셈이다. 크리스마스엔 모든 과욕을 버리고 주변에게 마음을 나누며 보람 있게 보내야 하지 않을까. 공포의 고전이라 불리는 이 영화를 보고 나면 그 '교훈'을 이해할 수 있을 것이다. ㅋㅋㅎㅎ

(여담1-공교롭게도 극중 연기한 인물들과 배우들이 같은 삶을 겪었거나 맞이하게 되었다. 주인공 '제시카'는 피터의 아이를 지우고자 한다. 제시카를 연기한 스타 배우 '올리비아 핫세'는 1969년 조현병을 앓던 전 남자친구인 배우

'크리스토퍼 존스'에게 겁탈을 당하여 임신해 결국 낙태 수술을 받아야 했다. 극 중 '바브'는 알코올 중독에 정서 불안에 시달리는 성격으로 나오는데, 바브를 연기한 (〈슈퍼맨〉(1979)의 '로이스 레인' 역으로 유명한) '마곳 키더'도 말년 조울증과 알코올 및 약물 중독에 시달리며 투병 끝에 2018년 사망했다.)

(여담2-밥 클락 감독은 2006년도 리메이크에서도 프로듀서를 맡아 모건 감독을 도와 작업하였다고 한다. 리메이크가 흥행에 실패한 뒤, 클락 감독은 원작의 직속 후속편을 만들기로 선언하였으나, 얼마 뒤 음주운전 차량과 충돌하여 세상을 떠나고 말았다.)

깊은 밤 갑자기(1981)
: 이전에도 없고, 앞으로도 없을 공포

한국 공포영화의 역사만큼 무궁무진한 것도 없을 것이다. 바로 들으면 흰 소복에 원한 어린 처녀귀신의 이미지나 〈링〉(1998)의 영향으로 머리칼을 잔뜩 뒤집어 쓴 귀신들이 '갑툭튀' 하는 정도로 생각할지 모르겠지만, 80여 년(1940년대 이전 한국 공포영화에 대한 자료가 별로 남아 있지 않아, 1940년대부터 기준을 잡았다.)의 역사 속에서 한국 귀신들은 수많은 변형을 거쳐왔다. 그만큼 공포 장르의 표현 방식도 많은 변화가 있었다. 1950년

대에는 〈장화홍련전〉(1956)과 같이 전통적으로 원한을 풀어 달라 요청하는 이미지에서 시작해, 1960년대 〈월하의 공동묘지〉(1967)에서는 색색의 조명을 받으며 흡혈귀처럼 피 흘리는 송곳니를 드러내는 비주얼로 등장했다. 〈망령의 웨딩드레스〉(1981)에서는 진부한 흰 소복을 벗어나 검은 원피스를 입은 이미지로 변신했다. 그리고 마침내 1990년대 그저 공포심을 주는 데서 멈추지 않고 직접 살인하며 원수를 갚는 〈여고괴담〉(1998), 〈폰〉(2001) 등에서의 귀신들이 등장하였다. 새 전성기를 맞이하기 직전인 1980년대 공포영화 트렌드에 대해 이야기하자면, 그 배경인 1970~1980년대 영화사(史)에 대해서부터 이야기해야 할 것이다.

1970년대 박정희 유신 정권의 '영화법'이 시행되면서 영화제작사는 1년 중 2편 이상을 무조건 제작, 상영하고 또 성공시켜야 했다. 이를 해내야 회사가 유지되며 (영화사에서 직접 해외 영화 직수입, 배급을 관장하던 그 시절) 쿼터제 축소 혜택을 받아 해외 영화 수입, 배급할 기회를 늘릴 수 있었지만, 그러지 못하면 정부가 직접 나서 도산 처리를 시켰다. 여기에 유신 헌법 53조 '긴급조치' 법에 따라 정부에 대한 비판, 풍자는 물론 풍기문란, 우울한 분위기 연출까지도 불온하다며 검열에 나섰다. 그 바람에 겨우 제작이 됐어도 개봉도 하지 못한 영화들이 다수였다. 유신 정권이 지나고 전두환 정권이 들어서도 변함이 없었다. 기존 영화법과 검열제도를 그대로 이행했을 뿐더러 12.12 사태, 5.18 운동 군사 진압으로 들어선 정권에 대한 국민들의 저항심을 돌리기 위해 3S정책, 즉 스포츠(sports), 영화(screen), 성(sex) 문화를 적극 장려하였다. 그렇게 '성애(性愛)영화'라 불리던 에로틱 영화 제작 열풍이 시작됐다. 당시 영화인들 입장에서 성적 묘사와 드라마 소재 검열 기준이 보다 자유로워진 것 같지만, 여전히 정치 풍자나 독립영화 제작은 금기시됐다. 당시 영화사들은 살아남기 위해서는 그에 편승해야 했기에 어떤 영화든 억지로 베드신을 추가하는 일이 잦았는데, 공포 장르 역시 마찬가지였다. 그래서 베드신과 치정극을 동반한 〈망령의 웨딩드레스〉, 〈여곡성〉(1986) 등의 영화들이 제작되었다.

이 시기의 가장 으뜸가는 공포영화 한 편을 꼽으라면, '고영남' 감독의 〈깊은 밤 갑자기〉를 꼽을 수 있을 것이다. 어두운 동굴 안에서 한 사내가 사진을 찍더니 박쥐가 날아들며 유치한 음악이 들이닥치는 것으로 영화는 시작한다. 강렬한(?) 오프닝 이후 영화는 동굴 속 사내인 '유진'과 그의 아내 '선희'를 소개한다. 나비학자인 유진은 새로 발견한 나비 종의 사진을 찍어와 집에서 학술 발표를 시작한다. 찍은 사진들을 사진 슬라이드로 설명

하던 중 알 수 없는 사진이 등장하는데… 거대한 작두를 든 흰 얼굴의 무당 목각인형! 갑자기 튀어나온 흉측한 사진에 분위기가 싸해지던 찰나, 유진을 비롯한 각기 학계 교수들은 샤머니즘을 비하하는 농담을 하며 넘긴다. 그러나 선희 입장에서는 섬뜩한 그 사진이 뇌리에서 잊히지 않고, 유진은 그저 사진관에서 다른 필름과 섞였을 거라며 무심하게 답할 뿐이다. 며칠 뒤 유진은 그새 다시 나비 채집을 위해 떠나고, 며칠 뒤, 귀가한 유진이 웬 묘령의 여자를 데려온다. '미옥'이라는 이름의 여인은 산골 마을 무당의 딸이었고, 그녀가 용두산 용신할매의 신내림을 받았다고 여긴 어머니가 의식을 하던 중 집에 불이 나면서 혼자가 된 걸 유진이 발견해 데려온 것이다. 마침 가정부가 필요했던 상황에서 유진과 선희 부부는 미옥을 따뜻하게 맞이해준다. 산골 속에서 자라 백치미가 있는 것 같던 미옥은 금방 집안일을 배우며 선희의 이목을 받는다. 비록 시골처녀임에도 자신보다 미인에 젊은 점부터 목숨보다 아끼며 누구에게도 보여주지 않는 수상한 보따리가 신경 쓰이지만. 어느 날 선희의 딸이 미옥과 보따리를 두고 다툼을 벌인다. 딸은 자기 인형이 보따리 안에 있다고 말하고, 선희가 설득한 끝에 보따리 안을 열어보자 사진 속 그 목각인형이 들어 있었다. 어머니의 유품이자 용신할매를 모시는 신상이라고 답해주는 미옥. 그 얘기를 유진에게도 해보지만 별 놀라지도 않는 유진. 그 후로 집 안에서는 이상한 일들이 벌어진다. 미옥의 방에서 유진이 아끼는 라이터가 발견되지 않나, 매일 밤 미옥의 방 안에서는 신음소리가 들려온다. 유진도 논문 연구를 이유로 더 이상 밤마다 안방으로 와주지 않는다. 어느 날 밤, 수면제를 먹고 잠든 척하던 선희는 유진이 계단을 내려 미옥의 방으로 향하는 발소리를 듣고 뒤를 밟는다. 방

앞에 다다라 열쇠 구멍으로 안을 들여다보자, 예상대로 유진과 미옥이 격렬히 하룻밤을 보내고 있는 광경을 보게 된다! 그러나 방문을 열어 들어가는 순간 기절하고 마는 선희.

깨어난 선희는 유진에게 밤에 본 광경을 얘기하지만 유진은 악몽이라며 정신과에서 검진을 받아보자고 호통을 친다. 급기야 미옥이 지붕에서 자기 곁으로 화분을 떨어뜨리고 집 안에 가스를 틀어놓는 실수들을 연속으로 저지르자 선희는 둘이 함께 자신을 죽이려고 한다는 생각에 이른다. 심지어 그 음모 뒤에는 용신할매의 악령이 있다는 망상에까지 빠져버린 선희. 아무도 믿을 수 없게 되자, 선희는 먼저 손을 써 미옥에게 위험한 다락방 창문 청소를 시켜 사고로 죽게 만든다. 선희를 향해 눈을 부릅뜨고 죽어가는 미옥, 그리고 바로 그 곁에 놓인 분신과도 같은 목각인형. 그렇게 일단락되는 것 같지만, 공포는 이제부터 시작이었다! 버렸던 목각인형이 집으로 돌아오는 것이다! 계곡 산 밑으로 던져버려도 돌에 묶어 깊은 호수에 빠뜨려도, 살아 있는 것처럼 계속 되돌아오는 인형. 선희는 목각인형에 악령이 붙어 있는 것 같다고 유진에게 애원해보지만, 유진은 현대 사회엔 악령은 없으며 목각인형을 없앤다 해도 선희의 편집증은 여전할 거라며 매정하게 말하는 것도 모자라 황당하게도 편집증이 사라질 때까지 인형을 안방에 두고 절대 옮기지도 말라는 유진. 다시 유진은 나비 채집으로, 딸은 여름방학 맞이로 할머니 댁으로 떠나며 선희 혼자 집 안에 남게 된다. 폭풍우가 거세게 몰아치는 그날 밤, 문제의 목각인형은 스스로 움직이더니 사람만 한 크기로 변해 거대한 작두로 선희를 공격한다. 그렇게 한국 공포영화 역사상 가장 충격적인 결말로 이어지는데….

이름은 낯설지라도 고영남 감독은 1960~1970년대까지 〈66번가의 무법자〉(1967), 〈왕룡〉(1976) 등 무협부터 〈서울이 좋다지만〉(1970)과 같은 코미디, 〈독수리 전선〉(1976), 〈공수특공대작전〉(1978) 등의 전쟁, 심지어 〈설국〉(1977), 〈소나기〉(1979) 등 유명 문학 원작 영화까지 다작으로 국내 대표 감독으로 자리 잡은 인물이었다. 특히 액션에 일가견 있는 흥행 감독으로서 시작해 1970년대 후반부터 〈설국〉을 기점으로 작품성을 겨냥한 연출을 시도하였고, 80년대에 들어 본작으로 공포물 연출에 도전한 것이다. 이에 힘입어 성애물—치정극이 인기를 얻던 이 시기 만든 차기작 〈여자, 여자〉(1985)까지로 스릴러 장르에도 관심을 가졌다. 공교롭게도 영화는 지금 전해지는 컬트의 명성과 달리 흥행에는 실패했는데, 당시 전두환 정권이 막 들어서며 퍼진 억압적이고 암울한 분위기가 관객을 극장으로 불러들이기에 무리였을 것이고, (지금처럼 멀티플렉스 체인이 없던 그 시절) 할리우드 블록버스터 물길 속에서 특별히 내세울 점이 없어 밀린 것으로 추측된다. 여기에 고영남 감독도 이 작품에 그리 애정을 가지지 않았고 동시기 제작하던 〈빙점 81〉에만 관심을 기울인 점도 있었다.

그러나 개봉 후 정말 무서운 영화라는 입소문을 타기 시작했고, 특히 TV 방영과 비디오테이프를 통해 당시 어린 세대, 젊은 세대에게 재주목받으며 컬트화됐다. 특히 전반부와는 전혀 딴판인 초현실적인 충격적 엔딩은 극장에서 본 세대나 TV 방영으로 쉽게 봤을 어린 세대의 뇌리에 박히며 그 자체로 아이콘이 되어버렸다. 물론 영화는 유명 공포영화들을 흉내 낸 구석도 보인다. 특히 피 묻은 흰 얼굴의 미옥의 이미지는 〈엑소시스트〉(1973)

를, 문을 부수는 작두 앞에서 공포에 질린 선영의 얼굴은 〈샤이닝〉(1980)을 노골적으로 흉내 내 촬영하였다. 또 사실상 젊은 처녀 가정부를 둘러싸고 남편과 아내 간의 치정과 파국도 고전 〈하녀〉에서 시작해 전통적으로 내려온 한국식 호러 서사다. 그럼에도 슬래셔, 오컬트 등 세계적으로 유행하던 장르를 우리 특유의 샤머니즘 문화에 적용시키며 당시 트렌디하게 만들려는 시도는 의미심장하다. 여기에 실험적인 촬영도 눈에 들어오는데, 과거 회상 장면에서는 맥주잔을, 선희의 시점에서 보는 미옥과 유진의 베드신 장면에서는 삼각형 거울 만화경을 필터처럼 사용해 촬영을 시도하였다. 이런 실험으로 회상 장면에서는 원형으로 굴곡진 비주얼을, 기이한 베드신 장면은 여러 반사 이미지로 분열되어 보여 꿈같은 사이키델릭한 분위기를 자아낸다. 특히 미옥 시점에서의 장면들은 그 상황들이 진짜인지 선희의 환상인지 확실치 않게 만드는 역할을 제대로 수행해준다.

그러나 영화가 갖는 큰 매력은 여성 캐릭터에 있을 것이다. 주인공 선희 역으로는 당대 인기 스타였던 '김영애' 배우가 연기했다. 김영애 배우하면 최근까지 드라마 〈장희빈〉(2002), 〈킬미 힐미〉(2015)부터 〈애자〉(2009), 〈변호인〉(2013), 〈카트〉(2014)에 이르기까지 자상한 어머니, 할머니 역할로 익숙할 것이다. 그러나 그도 1980년대 젊은 시절 청순 섹시미로 인기 있던 배우였다. 그래서 이 영화를 처음 접하는 지금의 세대라면 그의 미모에 놀라거나 반할 수도 것이다. 심지어 젊은 처녀 미옥을 연기한 '이기선'보다 그가 더 미인이라, 그녀에게 질투를 느끼는 과정이 얼핏 납득되어 보이지 않을 정도다. 영화 전반으로 하늘하늘한 나이트가운을 입고 우아하게 걷는 여린 그의 모습은 미옥에게 지지 않을 만큼 아름다워 보인다. 그러나 그런 외모에도 두려움과 분노, 광기를 모두 표현해 보이는 표정 연기만큼은 당대 최고의 호러 연기라고 말할 수 있을 것이다. 그 연기와 미모가 별세하기 전까지 묵직한 연기에 잊혔다는 점이 아쉬울 정도다. 이런 김영애의 아름다움 외에도 영화 스토리가 여성들의 싸움인 만큼 한 남자를 둘러싼 두 여성들의 카리스마야말로 영화를 지배하는 매력이다. 표면상 보았을 때, 영화는 자상한 아내의 동의도 없이 젊은 여자를 집에 들여 질투심을 유발해 참극을 초래하게 만들고도 손 놓고 태평하게 있는 유진의 모습을 통해 가부장적인 영화로 보일 수 있을 것이다.

본작 분위기와 맞게 기괴하면서도 싸이키델릭한 〈깊은 밤 갑자기〉의 영상 실험!

그러나 영화는 그저 그런 영화가 절대 아니다. 물론 1980년대까지 국내에서 가장으로서 남편이 가족을 항상 지켜주는 존재로 절대시되어온 것은 사실이나, 영화가 다루고자 한 대상은 그것이 아니다. 공포영화라는 장르는 문명사회를 비롯한 이성주의에 반하여 두려움을 주는 장르다. 여성이 주로 주인공으로 등장하는 점도 이에 연장선상이다. 남성에 의해 이뤄진 가부장적 문명사회의 억압에 맞서 여성의 숨겨진 힘이나 분노가 표출되는 것은 공포 장르의 주된 서사이기도 하다. 고대 그리스의 '마데이아(Medea)' 나 우리나라의 '바리공주' 신화부터 〈여고괴담〉, 그리고 〈미드 소마〉(2019) 까지의 영화들이 이를 증명한다. 미옥이 무당집 출신인 점도 이와 연관이 있다. 무당, 즉 샤머니즘은 여성이 자연과 신앙을 숭배하는 양상으로 자주 나타난다. 자연이라는 것도 출산 능력처럼 안식처와 생명을 탄생시켜주는가 하면 맘대로 없애버릴 수도 있고 다시 재생시킬 수 있는 힘을 보여주며 선사시대 인류에게 두려움과 경외의 대상으로 다가왔다. 여기서 '대자연 어머니'라는 표현이 생겨난 것이다. 그에 어울리게 주 무대인 선희의 집 내부도 온갖 동물 박제들로 둘러싸여 있어 마치 숲속처럼 느껴진다. 그 속에서 유진은 가장의 지위 외엔 문자 그대로 아무런 행동도 안 하며 자주 그 무대를 비운다. 대신 그를 차지하기 위해 혹은 자기 자신을 위해 싸우는 이들은 오직 여성들뿐이다.

〈깊은 밤 갑자기〉는 1980년대 시대에 맞춰 급히 만든 조악한 영화같이 보이겠지만, 안팎으로 분석하는 재미가 많은 작품이다. 물론 이 모두가 천재적으로 미리 계산된 건 아니겠지만, 고영남 감독이 다양한 문화와 장르, 인간 심리와 젠더에 대한 호기심을 안고 만들어나갔음을 유추할 수 있다. 그렇기에 기존의 긴 머리로 얼굴을 가리고 유치한 신음소리 효과로 갑툭튀하고 마는 영화와는 전혀 다른 영화로 탄생될 수 있었을 게다. 그 명성은 지금까지도 이어져 국내외로 두 번이나 디지털 리마스터링이 있을 정도였다. 2017년 미국의 '몬도 마카브르'는 한국영상자료원으로부터 HD 마스터를 받아 블루레이 발매를 했고, 이후 한국영상자료원에서 원전에 가깝게

4K 고화질 리마스터링으로 다시 해낸 블루레이로 팬들의 큰 환영을 받아냈다. 그러나 그 명성은 다면적 연기를 자연스레 소화해낸 김영애 배우의 공에 있을 것이다. 다정한 아내에서 시작해 동정의 대상으로 전락하나 끝내 스스로 괴물같이 돌변하는 연기는 국내 그 어떤 미녀 배우들의 필모에서도 쉽게 보는 연기가 절대 아니다. 그리고 그 어두운 매력이야말로 대배우 김영애의 진정한 매력일 것이다.

　김영애 : "죽음을 앞두고 아쉬운 건 없어요. 그런데 연기는 아쉽긴 하네요. 그거 외에는 어떤 미련도 없어요."

악마군단(1987)
: 순간에서 영원으로

　호러 장르 얘기를 하자면, 현재 인기 있는 할리우드의 〈컨저링〉
(2013~2021), 〈애나벨〉(2014~2019) 시리즈나 팬데믹 이슈에 맞춰 제작된
〈킹덤〉(2019~2020), 〈지금 우리 학교는〉(2022)과 같은 인기 K—좀비물 등
이 바로 떠오를 것이다. 그러나 이들만이 있는 것은 아니다. 특히 80년대는
할리우드 공포장르의 전성시대였다. 〈컨저링〉과 〈애나벨〉의 원조격인 〈첸
저링〉(1980), 〈폴터가이스트〉(1982), 〈사탄의 인형〉(1988)부터 〈도어락〉

(2018), 〈언힌지드〉(2020) 등에 영향을 준 〈13일의 금요일〉(1980~2001), 〈나이트메어〉(1984~1994) 시리즈와 같은 슬래셔 영화, 좀비 열풍을 시작할 수 있게 그 장르를 만들어낸 〈바탈리언〉(1985), 〈좀비오〉(1985), 그리고 〈플라이〉(1987), 〈우주생명체 블롭〉(1988), 〈괴물〉(1982)과 같이 B급으로 추대 받던 SF 호러가 특수효과의 발전으로 블록버스터화되며 인기를 끌었다.

현대의 주요 관객들은 공포영화가 잔혹한 영상과 자극적인 음향으로 보기 불편하게 만들었다며 꺼려하지만, 80년대 공포영화들은 그와는 정반대의 점진적인 서스펜스와 스타일리시한 영상과 음악으로 관객들의 눈과 귀를 사로잡았다. 특히 보수적이었던 '로널드 레이건' 대통령 정권기였던 당시 미국의 젊은 관객들은 그 시대 가치에 대항하며 영화 속 거친 영상과 락 음악에 열광하였다.

이런 할리우드 호러에 대해 이야기할 땐 전통적인 괴수영화들을 배제할 수 없을 것이다. 영화가 막 발명되어 문화산업계에 혁명을 불러일으키던 1930년대, 막 신설된 영화사 '유니버설 픽쳐스'에서는 19세기 말~20세기 초 영국 고딕 소설과 괴담들의 영화화를 시도하여 〈드라큘라〉(1931), 〈프랑켄슈타인〉(1931), 〈지킬박사와 하이드씨〉(1931), 〈울프맨〉(1941), 〈미이라〉(1932), 그리고 〈검은 산호초의 괴물〉(1954)까지 일련의 괴수영화 시리즈를 만들어나갔다. 그 인기에 힘입어 1940년대에는 이 괴수들이 서로 대결하는 시리즈까지 등장하였다. 어찌 보면 이 시리즈야말로 현재 유행하는

'시네마틱 유니버스(Cinamatic Universe)' 원조 격이 된 셈이다. 영화를 넘어서 이 괴수들은 지금도 할로윈 때마다 가장 사랑받는 아이콘들로서 남아 있다. 지금의 세대들에게는 이들이 연쇄 살인마나 달리는 좀비, 귀신 들린 인형에 비해 별 볼 일 없어 보이겠지만, 누가 어린 시절 이들을 한 번도 들어보지도 무서워하지도 않았을까? 그 향수와 1980년대 호러 장르의 유행, 그리고 특수효과의 발전이 만나 탄생한 영화가 있었으니, '프레드 데커' 감독의 1987년 작 〈악마군단〉이다. 이 소박한(?) 영화는 재미를 넘어 35년 넘은 지금까지도 거대 팬층을 만들어내고 있는 컬트계의 기념비적인 작품이다.

　1980년대 중반 캘리포니아의 작은 마을. 괴수에 열광하는 주인공 소년 '숀'은 동급생 '패트릭', 뚱뚱하다고 왕따 당하는 '호레스', 터프한 상급생 '루디' 등 학교에 적응하지 못하는 친구들과 함께 '몬스터 클럽'을 만든다. 단 남자들끼리 놀기 좋아해 여동생 '피오비'는 항상 따돌린다. 고전 괴물들에 관심 많은 이들은 '프랑켄슈타인'이 괴물의 이름인지 박사 이름인지 맞추는 퀴즈부터, 늑대인간은 자기가 입은 옷은 찢어도 왜 항상 바지는 찢지 않을까라며 지능이 있다 없다 식의 논쟁을 즐긴다.

　그러나 숀의 집안도 편한 상황은 아니다. 마을 박물관에선 2000년 된 미라가 사라지고, 한 부랑자가 자신이 괴물로 변할 거라며 난동부리다 사살되고, 해골 문양이 달린 불법 차량이 마을을 휘젓고 다닌다는 신고들이 접수되는 바람에 경찰인 아버지는 엄마와의 데이트를 계속 놓쳐 다툼이 이어지고 있다. 외롭던 숀은 어느 날 두 가지의 단서를 얻는다. 하나는 엄마가 골동품 벼룩시장에서 사온 유명한 '반 헬싱' 교수의 일기장이고, 다른 하나는 '알루카드(Alucard)'라는 정체불명의 이로부터 온 전화 메시지다. 숀이 그 이름을 거꾸로 쓰자 '드라큘라(Dracula)'라는 이름이 나온다! 사라진 미라, 자신이 늑대인간이라던 부랑자, 반 헬싱의 일기장까지! 숀은 자신이 믿어왔던 괴물들이 마을에 나타났음을 눈치 챈다.

그의 예상대로 해골 문양 차량을 타고 온 드라큘라는 미라부터 늑대인간, '검은 산호초의 괴물'로 알려진 물고기 인간, 그리고 프랑켄슈타인 괴물을 이끌고 세계를 지배할 수 있는 '아뮬렛' 조각을 찾기 위해 이 마을에 온 것이다. 숀은 친구들을 겨우 설득해 괴물들과 맞서고자 '악마군단'이라는

특공대를 창설한다. 먼저 독일어로 적힌 반 헬싱 박사의 일기를 번역하기 위해 마을에서 혼자 은둔해 사는 독일인 할아버지를 만나러 간다. '나치 도망병'이라는 소문이 돌던 할아버지는 알고 보니 다정한 성격의 아우슈비츠 생존자 할아버지였다.

주인공들은 할아버지로부터 일기에 적혀 있는 '아뮬렛'이라는 조각과 그가 매 100년 되는 날마다 힘을 발휘하여 모든 악을 퇴치할 수 있다는 정보는 얻는다. 그리고 그 새로 100년째 되는 그날이 다름 아닌 내일 밤이라는 것까지 알게 된다. 내일 밤 자정 안으로 드라큘라보다 먼저 아뮬렛을 찾아 순결한 처녀에게 독일어 주문을 읽게 해야만 괴물들을 영원히 퇴치할 수 있는 것이다! 다음으로 찾아야 할 것은 주문을 읽어야 할 처녀. 루디의 능수능란한 입담으로 독일어를 공부한다는 패트릭의 누나를 겨우 동참시키는 데 성공한다. 그 사이 드라큘라 일당도 마을의 폐가에서 아뮬렛을 발굴해내며 야욕에 불타오른다. 숀과 친구들도 은수저를 녹인 은총알과 나무 말뚝을 만들어 서둘러 괴물들과의 전투를 준비한다.

한편 '몬스터 클럽'에 가입하고 싶어 하는 피오비는 드라큘라 무리에서 홀로 떨어져 나온 프랑켄슈타인 괴물과 만난다. 괴물을 이끌고 "이제 나도 클럽에 낄 수 있지?" 하며 자랑하는 피오비. 당연히 오빠와 친구들은 화들짝 놀라 피하지만 오히려 프랑켄슈타인 괴물은 아기처럼 순수한 성격이었다. 괴물까지 함께 팀원으로서 환영한 악마군단은 마침내 결전의 날 밤 일기장이 발견되었다는 폐가부터 수색한다. 겁에 질린 호레스가 투정하는 사이 드라큘라와 흡혈귀 여인들이 습격한다. 사면초가 상황에서 호레스의 비상식량 '마늘 피자' 덕분으로 빠져나온 일행들은 마침 도와주러 온 독일 할아버지의 차를 타고 의식을 치를 교회가 있는 마을 광장으로 향한다. 패트릭의 누나가 주문을 읽는 동안 숀의 악마군단들은 습격해 오는 드라큘라와 3명의 흡혈귀 여인들, 미라, 늑대인간, 검은 산호초의 괴물들과 맞서야 하는데….

여기까지 스토리를 들으면 바로 생각나는 영화가 있을 것이다. 바로 어린이 영화의 고전 〈구니스〉(1985)다. 마침 영화가 개봉한 1980년대 중후반은 공포물 붐과 함께 〈E.T〉(1982), 〈인디아나 존스〉 시리즈(1981~1989), 〈백 투 더 퓨쳐〉(1985), 그리고 〈구니스〉까지 가족용 영화 또한 부흥하던 시기였다.

프레드 데커 감독은 그 유행 코드에 고전 괴수영화들에 대한 애정을 담으며 영화를 구상하였다. 여기에 함께 영화의 시나리오를 쓴 작가 '셰인 블랙'도 (최근에 영화로도 만들어진) '스티븐 킹'의 소설 『그것(IT)』에서 영감을 받아, 절대 악인 괴물들과 맞서기 위해 동네 유약한 아이들이 뭉치는 서사구조로 이야기를 써냈다. 이번 영화의 각본으로 인정받은 블랙은 이전에 먼저 써놓은 시나리오 역시 같은 시기에 영화화되면서 큰 명성을 얻게 된다. 그 시나리오가 바로 〈리썰 웨폰〉(1987)이었다!

그 결과 이후 블랙은 〈마지막 보이스카웃〉(1991), 〈롱 키스 굿나잇〉

(1992)까지 1990년대 대표 액션영화 작가로 떠올랐고, 〈키스키스 뱅뱅〉(2006), 〈아이언맨 3〉(2013), 〈나이스 가이즈〉(2016)의 감독으로도 변신해 실력을 보여주고 있다. 그래서 그런지 영화를 보면 소년들의 티격태격 만담은 〈리쎌 웨폰〉을 연상시키고, 괴물들과의 추격전 및 격투 장면들 역시 액션영화 같은 박력을 보여준다. 물론 이런 액션과 유머, 스릴 간의 황금비율 조화가 주는 쾌감은 말할 것도 없다.

괴물들을 표현하는 특수효과와 분장도 돋보이는데, 원전 영화들에서의 외양을 그대로 따르되 높은 퀄리티로 실로 (아이들 입장에서 볼 때 더더욱) 무시무시한 디테일을 보여준다. 특히 높은 이마와 턱살을 덧붙이고 창백하게 그린 정도였던 프랑켄슈타인 괴물은 주름살과 이어 붙여 꿰맨 자국의 질감이 더해졌고, 비늘 모양 수트를 뒤집어쓰고 걸어다니는 것으로만 표현됐던 물고기 인간은 거대한 개구리 입부터 아가미가 살아 숨 쉬며 움직이게 되었다.

이 모두는 CG가 없던 시절 손으로 만든 특수효과로, 당대 최고의 특수분장사 '스탠 윈스턴'의 솜씨이다. '제임스 카메론', '스티븐 스필버그', '팀 버튼'까지 거장들이 경애했던 그는 그들의 대표작 〈터미네이터〉 시리즈 (1984~1991), 〈에이리언 2〉(1987), 〈쥬라기 공원〉 시리즈(1993~2001), 〈A.I〉(2001), 〈가위손〉(1991), 〈빅 피쉬〉(2003)부터 〈프레데터〉(1987), 〈뱀파이어와의 인터뷰〉(1994), 〈데드 캠프〉(2003) 그리고 〈아이언맨〉(2008)까지에서 분장 및 괴수, 메카 디자인 작업을 해왔다. 그의 손길이 어쩌면 B

급 영화에 머무를 수 있던 이번 영화를 고퀄리티로 살려 주목받을 수 있게 만들어주었을 것이다.

이러한 노고에도 불과하고, 1,200만 달러로 제작된 영화는 1987년도 여름 시즌에 개봉해 3백만 달러 수익에 그치며 참패를 맞았다. 당시 경쟁작들로 〈세 남자와 아기 바구니〉, 〈굿모닝 베트남〉, 〈프레데터〉까지 있었음을 감안해보면, 인기 스타 한 명 없고 블록버스터 급까지도 아닌 본작이 경쟁하기 어려웠을 것이다.

그러나 이후 홈비디오 시장을 통해 마니아 팬층이 생겨나면서 컬트의 반열에 오르기 시작했다. 그 반향은 차세대 〈록키 호러 픽쳐 쇼〉(1975)를 방불케 하였는데, 팬들이 자체적으로 모금을 하여 제작한 캐릭터 상품들부터 팬 픽션, 팬 메이드 만화책이 만들어졌다. 심지어 온라인 커뮤니티를 통해 공식적인 "악마군단 클럽"이 생겨나 모임이 이뤄지기까지 하였다. 그리고 마침내 2007년 샌디에고 코믹콘(Comic Con)에서는 영화 20주년 기념으로 영화의 주인공들이 오랜만에 한자리에 모이는 대행사가 열렸다.

데커 감독을 필두로 '안드레 고워(숀)', '애슐리 뱅크(피오비)', '브렌트 차렘(호레스)'까지 성인이 된 주인공 아역배우들부터 노년이 된 괴물 역할의 배우들까지 모두 모이게 되었다. 팬들은 열광하였고, 가족처럼 다시 모인 배우들 역시 사랑해주는 많은 팬들에게 열광하였다. 마니아들의 지지 덕분에 클래식으로 부활했으니, 할리우드도 가만있질 않았다. 2010년 전설의

(?) '마이클 베이' 감독의 영화사 '플래티넘 듄'에서 리메이크 기획을 발표하였으나, 팬들의 거센 반발로 취소되었다. (천만다행이다;;)

25주년 기념으로 다시 모인 〈악마군단〉 배우들 (뒷줄 왼쪽에서부터 시계방향)
루디, 피오비, 패트릭의 누나, 드라큐라, 손, 손의 아버지, 물고기 인간, 미이라, 프랑켄슈타인

영화 개봉과 20주년 코믹콘 행사 사이 동안 주인공들은 어떻게 지내왔을까? 안드레 고워, 라이언 램버트, 브렌트 차렘까지 아역 배우들 모두 영화에서 보여준 연기 실력에 힘입어 여러 TV 드라마에서 아역, 청소년 배우로 성장했다. 귀염둥이 피오비 역의 '애슐리 뱅크'는 특별하게도 배우뿐만 아니라 프로듀서로도 성장해 활약하고 있다. 지금도 그녀는 TV 시리즈 중심으로 연기와 프로듀싱을 계속해나가고 있다. 신스틸러 프랑켄슈타인 괴물 역의 '톰 누난'은 〈로보캅 2〉(1990), 〈라스트 액션 히어로〉(1993), 〈히

트〉(1995), 〈괴물들이 사는 나라〉(2009)에 이르기까지 개성 강한 연기를 보여주며 대배우로 자리 잡았다. 이들에 비해 안타까운 이를 꼽자면 다름아닌 데커 감독일 것이다. 전작 〈나이트 크리프트〉(1984)부터 본작으로 촉망받는 감독으로서 기대를 모았지만, 차기작 〈로보캅 3〉(1993) 제작 중 수위를 낮추자는 제작사의 압박에 의해 제 실력을 보여주지 못하고 실패한다. 그 후로 〈데몰리션 맨〉(1994), 〈더 프레데터〉(2018) 등의 각색 작업 및 TV 시리즈 〈엔터프라이즈〉에 참여한 정도 외에는 다시 차기 장편 영화 연출을 못 하고 있다. 현재까지도 코믹콘을 중심으로 2012년에 25주년, 2017년에는 30주년 〈악마군단〉 기념 상영 및 팬클럽 모임이 계속되고 있다. 팬들은 항상 찾아왔고, 지금도 새로운 모임을 기다리고 있는 중이다. 어쩌면 〈악마군단〉의 진짜 영광은 영화 바깥인 바로 여기, 영화가 끝난 바로 지금부터가 시작일지도 모른다!

5장

내일은 오늘보다 나을 거야
: SF

<로봇 족스>(1989)
: 열정, 그 참을 수 없는 가벼움

90년대 CG가 새로운 시각효과의 기준이 되기 전 블록버스터 영화들 속 가상의 피조물들은 '스톱모션(stop-motion)' 기법으로 생명을 얻었다. 애니메이션의 원리와 같은 스톱모션은 모형 인형을 한 프레임별로 팔, 다리, 머리 등을 조금씩 움직인 뒤 촬영하여 재생 시 그 스스로 움직여 보이게 만드는 기법이다. 고전 〈킹콩〉(1933)부터 〈공룡 백만년〉(1970), 〈스타워즈〉(1977), 〈타이탄 족의 멸망〉(1980) 그리고 〈터미네이터〉(1984)까지가 이 기

법으로 생명을 얻은 작품들이다. 지금처럼 고화질 CG에 눈을 익히기 전 관객들은, 스톱모션 특유의 순간적으로 툭툭 끊기는 움직임에도 불구하고, 살아 있는 듯 다채롭게 움직이고 감정 표현도 하는 그 캐릭터들에 빠져들었다. 심지어 특수효과의 거장이 된 '제임스 카메론', '스티븐 스필버그'도 이 시각효과 장인들에 경애를 표하며 초창기 시절 그 방식을 고수해 판타지, SF 영화 작업을 해나갔다. 시각효과에 대해서 얘기하자면 SF 장르가 절대 빠질 수 없고, SF 장르에 대해서라면 로봇 역시 절대 빠질 수 없다. 〈지구가 멈추는 날〉(1951), 〈금지된 행성〉(1956)에서는 우스꽝스레 거대한 크롬 빛깔의 옷을 입은 사람 티가 역력한 데서 시작해, 〈스타워즈〉에서는 고퀄리티의 금속 의상에 판토마임 전문 배우로 더 실감나게 표현했고, SF 작가 마이클 크라이튼이 직접 감독한 〈지능범죄 001〉(1984)에서는 손수 만든 원격조종 로봇들의 향연을 펼쳐 보였다. 그리고 스톱모션 또한 소형부터 인간형 안드로이드는 물론 거대 로봇들의 액션까지 구사해 보였다.

물론 이 중에 으뜸을 꼽으라면 당연히 고퀄 하이퍼 리얼리즘의 〈터미네이터〉일 것이다. 그러나 그것만이 고전으로 남지만은 않는 법! 로봇 영화의 또 다른 베스트를 꼽으라면 '스튜어트 고든' 감독의 〈로봇 족스〉가 언급될 것이다. '스튜어트 고든'이라는 이름은 공포영화 팬들이라면 익숙한 이름일 게다. 70년대 시카고에서 연극 연출가로 활동하던 고든은 'H.P 러브크래프트'의 공포문학 『하버트 웨스트』를 극화하는 과정에서 제작자 '브라이언 유즈나'를 만나 함께 명작 〈좀비오〉(1985)를 만들어내 호러 장르를 낮게 보던 평론가들마저 '호러계의 셰익스피어'라는 찬사를 하게 만든 인물이다. 이후 유즈나와 함께 〈지옥 인간〉(1986), 〈돌스〉(1987)까지 컬트 공포물을 만들어나갔고, 그러나 고든은 새로운 장르 도전을 위해 호러에 집착하던 유즈나를 떠나고, 공동 제작자 '찰스 밴드'와 함께 SF 장르 도전을 시작한다. 그래서 친구이자 밀리터리 SF의 고전『영원한 전쟁』을 쓴 작가 '조 홀드먼'에게 시나리오를 의뢰해 본작의 이야기를 써낸다. 그러나 여기서 새로운 갈등이 생긴다. 홀드먼은 진지하고 어두운 이야기로 성인층 중심의 영화를 원했으나, 고든은 톤을 낮춰 아동들도 볼 수 있게 만들기를 원했다. 당연히 이 과정에서 다툼이 일었고, 이후 홀드먼은 다시는 영화 작업을 하지 않기로 하였단다. 결국 고든의 의도대로 다시 쓰인 〈로봇 족스〉 스토리는 다음과 같다.

자유주의 연맹과 공산주의 연맹 간의 전쟁이 심화되던 중 결국 핵전쟁이 발발하고, 끝내 모든 것을 잃은 두 진영 간의 합의하에 전쟁은 불법화된다. 대신 둘은 거대 전투 로봇 경기로 승패를 가르기로 결정하고, 한쪽 로봇부터 '로봇 족스(Robot Jox, 이하 '족스')'라 불리우는 조종사 모두가 파괴될 때까지 싸우는 무자비한 스포츠가 계속되고 있다. 알래스카를 마지막 보루로 남긴 자유 연맹 본부에서는 번번이 경기에서 져 골머리를 앓고 있다. 공산 연맹에서 보낸 스파이가 신무기 정보를 빼내 자신들의 대표 족스 '알랙산더'의 로봇에게 장착해 승전해나가고 있던 것이다. 자유 연맹의 족스 '헤라클레스'를 해치운 알랙산더는 오랜 숙적이자 자유 진영 챔피언 '아킬레스'에게 도전장을 내민다. 그렇지 않아도 헤라클레스를 잔인하게 밟아버린 알랙산더에게 분노가 차오르던 아킬레스는 망설임 없이 결투를 받아들인다. 관중석부터 TV로 수많은 이들이 지켜보는 가운데, 아킬레스가 새로 개발한 비장의 무기 그린 레이저를 발사하지만, 이미 알렉산더도 똑같은 레이저를 발사한다. 결국 막상막하가 되자 자유 연맹의 요청에 따라 장거리 무기를 금지하고 육탄전으로 전환한다. 육탄전에서도 알렉산더가 아킬레스를 눌러버리지만, 아킬레스도 기지를 발휘해 알렉산더를 쓰러뜨린다. 패배의 위기가 오자 알렉산더는 로켓 펀치를 발사한다. 그러나 오작동으로 관중석으로 날아가고, 아킬레스가 그를 직접 몸으로 막지만 그 역시 펀치에 넘어지면서 관중석으로 쓰러진다.

300명 이상의 관중 사상자가 발생하자 두 선수에 대한 청문회가 이뤄진다. 아킬레스는 관중을 구하려했었고, 알렉산더야말로 금지된 장거리 무기를 사용해 사고가 났으니 몰패를 주어야 한다는 자유 연맹. 그러나 심판진에서는 펀치 전까지 둘 다 더 이상 싸움이 불가능한 상태였다는 점에서 재경기를 지시한다. 그에 좋아하며 다시 아킬레스에게 도전장을 내미는 알렉

산더. 그러나 아킬레스는 10번의 전투를 모두 치른 계약에 따라 은퇴를 선언한다. 연맹의 만류에도 불구하고 아킬레스가 은퇴하자 새로 족스가 되기 위해 훈련하는 '튜비'들은 이 기회를 노린다. 그러나 최초의 여성 튜비 '아테나'는 존경하는 그가 경기를 포기하니 아쉬울 뿐이다. 아킬레스의 거처까지 찾아가 돌아와 달라 부탁하지만, 그동안의 전투와 관중들의 죽음에 충격 받은 아킬레스는 다시 죽음의 경기에 서고 싶지 않아 한다. 결국 아테나는 그를 모욕하며 떠나고 새로운 족스가 되기 위한 훈련에 매진한다. 마침내 아테나가 새로운 족스가 되고 바로 알렉산더와의 경기를 신청한다. 그 뉴스를 본 아킬레스는 그녀가 알렉산더의 적수가 못 된다고 판단해 은퇴를 번복하고 직접 알렉산더와 싸우기로 한다. 경기 진출 기회를 뺏기자 아테나는 결국 아킬레스를 유혹해 그에게 수면제를 먹여 잠들게 한 뒤 가둬버린 뒤 아킬레스인 척 경기에 나선다. 두 진영의 마지막 운명을 건 이번 전투에서 누가 승리할 것인가? 그리고 자유 연맹의 무기 정보를 뺏어가던 스파이는 누구인가?

작가 홀드먼는 '호메로스'의 『일리아드』 서사를 뼈대삼아 시나리오를 써냈다. 주인공들 이름이 아킬레스, 아테나, 알렉산더로 지어진 점이 그 때문이다. 또 『일리아드』 속 트로이 전쟁에서 두 진영이 앙숙 사이인 두 영웅으로 승패를 겨뤘던 것처럼, 영화도 검투사 경기장 같은 공간 안에서 두 거대 로봇 선수들이 결투를 벌이는 것으로 묘사된다. 심지어 최후의 전투에서 아킬레스의 로봇은 신화 속 아킬레스가 그랬던 것처럼 발 한쪽을 잃는다. 그러나 이러한 신화적인 설정들이 무색하게도 영화는 연출 방향과의 불일

치로 진지하게 보기가 어렵게 됐다. 먼저 비주얼은 척 봐도 〈건담〉(1979)부터 〈신세기 에반게리온〉(1995~1996)까지 일본 메카 애니메이션을 직접적으로 본떠왔다. 심지어 〈에반게리온〉이 그랬던 것처럼 조종사의 신체 동작이 로봇과 합일체가 되어 조종한다는 설정 또한 비슷하다. 당시 버블경제로 일본 문물의 유행에 따르다 보니, 분위기도 일본 만화, 애니메이션처럼 활기발랄 혹은 유치찬란한 분위기로 전개되었다. 배우들의 연기도 "내 술에서 네 놈 피 맛이 나는군.", "내가 다시 조종석에 타기만 하면, 네 놈을 끝장내주겠다!" 등의 대사들처럼 과장된 건 마찬가지다. 묵직한 신화에 맞춰 디스토피아적으로 전개해나가고픈 홀드먼과 스토리와 만화적 스타일을 지향한 고든과의 의견 불일치가 끝내 우려대로의 결과를 낳아버린 것이다.

그나마 영화의 볼거리인 로봇 특수효과는 고든의 전작 〈지옥 인간〉, 〈돌스〉에 참여한 '데이비드 앨런(David Allen)'이 맡았다. 제작자 찰스 밴드의

추천으로 참여하게 된 그는 자유자재 움직임을 구사하는 동시에 거대하고 무거운 로봇 특유의 움직임을 스톱모션의 특성을 통해 잘 살려내었다. 투박한 듯하지만 거칠고 때론 제대로 폭력적이기까지 한 로봇들의 전투는 〈트랜스포머〉(2007)가 더 유치하게 보일 만큼 사실적이다. 그러나 정작 고든 감독이 집중한 것은 연극 연출가 출신답게 족스들 간의 증오와 사랑이다.(물론 이 역시 확연히 〈건담〉 등에서 따온 설정이다.) 그러나 이마저 드라마틱하기보단 그대로 사춘기 드라마 보듯 유치찬란해 보일 뿐이다. 마지막 화해의 순간은 갑작스러운 것도 모자라 중2병스럽다 할 만큼 오글거리기까지 하다. 역시나 평단의 혹평이 일색이었고 저예산으로 제작됐음에도 제작사 '엠파이어 픽쳐스' 입장에서는 가장 많은 제작비가 들어간 영화였기에, 촬영하는 와중에 제작사가 파산하는 지경에까지 이르렀다. 여기에 흥행에도 실패했으니 어느 누구도 구원받지 못하였다.

〈로봇 족스〉의 치명적인 실패에도 불구하고 SF를 향한 고든의 도전은 계속되었다. 전체주의 디스토피아를 배경으로 한 액션물 〈포트리스〉(1992)부터 역시 만화적인 우주 활극 〈스페이스 트럭커〉(1996) 등을 만들어낸다. 그러나 이들도 역시 흥행에서나 평단에서나 주목받지 못한다.(그나마 〈포트리스〉는 재평가를 받으며 컬트화되는 중이다.) 거대 예산으로 만든 일련의 SF물들이 실패하자 고든은 다시 소규모 공포, 스릴러 장르로 돌아온다. 그렇게 만든 〈사탄의 테러〉(1995)부터 시작해 다시 유즈나와 다시 재회해 만든 〈데이곤〉(2001), 〈개미들의 왕〉(2003) 그리고 〈스턱〉(2007)까지 만들어내며 평론가들과 장르팬들의 재주목을 받아낸다. 그러나 〈로봇 족스〉를 기준으로 더 떠오른 인물은 제작자 찰스 밴드일 것이다. 데이비드 앨런을 필두로 〈로봇 족스〉를 통해 만난 촬영감독 '맥 알버그', 편집감독 '테드 니콜라우'와 합심해 '풀문 엔터테인먼트'라는 새로운 영화사를 세우고, 극장 배급보다 쉬웠던 비디오 시장을 목표로 한 영화 제작에 집중한다. 그렇다고 저퀄리티도 아닌 고퀄리티의 호러, SF, 판타지 장르의 〈조종자〉 시리즈 (1989~2012), 〈트랜서〉(1984), 〈닥터 모드리드〉(1992), 〈리틀 디노〉(1993) 등의 영화들을 연속으로 제작해 성공한다. 지금도 풀문 영화사 영화들은 컬트팬들이 항상 찾는 교과서 격으로 거론되고 있다.

지금까지의 업적들로 보면 〈로봇 족스〉는 겉포장이 유치찬란할 뿐 절대 실패작은 아니다. 일본에서만 가능해 보였던 거대 로봇이 등장해 격투를 벌이는 특촬물을, 〈트랜스포머〉가 CG로 구현해낸 로봇 액션을 선보이기 훨씬 이전에도 가능함을 보여주는 동시에 움직임이 더 자유로운 스톱모션으로 다이나믹함을 선사해냈다. 특유의 끊기는 듯한 움직임이 낯설지라도 극 중 등장하는 로봇들 모두 실제 생물 같은 골격 움직임들을 보여줬다. 그리고 이는 이를 대체할 CG의 초석이 되어주기도 했다. CG가 더 실제 같은 질감과 부드러운 움직임을 연출했지만, 실제 생물 및 인간의 해부학적 움직임을 구사하는 데는 더 많은 연구가 필요했었다. 그래서 과거 스톱모션 작업에서 사실적인 움직임을 연출해 보인 아티스트들이 자문해주면서 〈터미네이터 2〉(1991), 〈쥬라기 공원〉, 〈반지의 제왕〉(2001~2003)에 이르기까지 놀라운 가상생명체들을 진짜 살아 숨 쉬게 만들어 보여주었다. 그리고 역시 〈트랜스포머〉, 〈아바타〉(2009), 〈리얼 스틸〉(2011)까지 현대의 로봇 액션물에게도 똑같은 리얼리티를 선사해주었다. 그 선두에는 〈로봇 족스〉부터 〈조종사〉까지 전문가 데이비드 앨런을 비롯한 찰스 밴드의 군단, 그리고 이들을 할리우드에 입영시켜준 스튜어트 고든의 열정이 있었다. 때론 무에서 유가 창조되듯, 허술하고 실패작으로 끝난 각계 아티스트들의 못 말리는 열정들 간의 불협화음이 지금의 시각효과 시대 빅뱅의 씨앗이 되어줄 줄 누가 알았을까?

블랙홀(1979)
: 디즈니를 뒤바꾼 '이벤트 호라이즌!'

지난 2012년, '마블 스튜디오' 판권을 사들여 제작한 〈어벤져스〉로 기록적인 수익을 거둔 '디즈니'사는 '루카스필름'까지 인수하며 새로운 〈스타워즈〉 시리즈의 제작을 발표했다. 이 뉴스에 전 세계는 경악을 금치 못하였다. 오랜 시간 동안 디즈니와 루카스필름은 서로 경쟁적인 존재였다. 〈스타워즈〉 오리지널 시리즈가 발표됐던 1970~1980년대 디즈니는 창립자 '월트 디즈니'의 사후로 성공적인 콘텐츠를 만들어내지 못하고 있었고, 프리퀄 시리

즈가 등장한 2000년대에도 '드림웍스', '픽사 스튜디오', '블루스카이('20세기 폭스' 소속 CG 애니메이션 제작사, 〈아이스 에이지〉, 〈리오〉 제작)'까지 새로운 경쟁사들이 등장해 밀리고 있었다. 이런 배경에서 문화 현상을 넘어 새로운 대중 신화가 된 〈스타워즈〉를 창조해낸 루카스필름은 디즈니에게 콤플렉스를 주는 라이벌이나 마찬가지였다. 그런데 그를 이기기보다는 아예 소유하기로 결정한 것이다. 그렇게 디즈니는 2015년 〈스타워즈 에피소드 7: 깨어난 포스〉를 시작으로 2019년 〈스타워즈 에피소드 9: 라이즈 오브 스카이워커〉까지 (논쟁에도 불구하고) 새로운 시리즈를 마무리 짓고, 멀티-콘텐츠의 대가답게 '디즈니 플러스'라는 스트리밍 서비스를 통해 〈만달리언〉, 〈북 오브 보바펫〉 등의 시리즈물을 내놓으며 무섭게 질주 중이다.

물론 디즈니도 이전부터 루카스필름과 경쟁하고자 똑같이 SF부터 〈인디아나 존스〉(1981~1989)와 같은 액션 어드벤쳐 장르에 도전한 적이 있었다. 그러나 안타깝게 항상 패배를 맛보았는데, 〈스타워즈〉나 〈인디아나 존스〉를 너무 의식해 유사하게 찍으려하는 한편 자신들만의 가족주의적 가치를 버리지 못한 결과 차별성이나 독창성을 두지 못한 것이 패착이었다. 실제로 〈슈렉〉(2001), 〈쿵푸팬더〉(2008)로 '드림웍스' 애니메이션이 흥행하던 시기 다수 평론가들은 그들이 보여준 할리우드에 대한 풍자부터 문화적 다양성을 높게 평가하며 보수적인 디즈니와 잘 비교하곤 하였다. 그만큼 디즈니는 글로벌 시대라는 새로운 시대에서는 뒤떨어지는 콘텐츠로 찍혀 힘을 잃어간 것이다. 그래서일까? 신세대적인 공주 캐릭터로 예상치 못한 대성공을 거둔 〈겨울왕국〉(2014) 이후 전 세계 관객들과 호응하고자 정치적 공정성(politically correct), 일명 PC 주의를 표방해 〈스타워즈〉부터 '마블 시네마틱 유니버스'에도 적용해 다시 할리우드 정상에 올랐다. 그렇다면 디즈니가 〈스타워즈〉를 이기기 위한 최초의 전략은 무엇이 있었을까? 앞서 언급한 대로, 창립자 월트 디즈니 사후 디즈니는 실사 영화 뿐 아니라 전문인 애니메이션에서 마저도 성공적인 작품을 만들지 못하고 있었다. 설상가상으로 언제든 재감상이 가능한 비디오 테이프(VHS)라는 신기술이 등장하면서 극장 재상영으로 연명하던 경제 책 역시 위기에 빠졌다. 한편 할리우드에서는 새 바람이 불고 있었다. 〈졸업〉(1967), 〈대부〉(1972), 〈엑소시스트〉(1973) 등 반항적인 '뉴아메리칸 시네마' 기수를 받아들이면서 높은 평가와 함께 상업적 성공 역시 거두고 있었다. 특히 스티븐 스필버그의 〈죠스〉는 1억 달러 흥행을 벌면서 '블록버스터' 장르의 서막을 올렸다. 디즈니도 이 배경에서 똑같이 거대 예산과 창작적 자율로 새로운 작품 제작에 박차를 가했다. 또한 70년대 당시에는 〈포세이돈 어드벤쳐〉(1972), 〈타워링〉(1974), 〈대지진〉(1974) 등 일련의 재난영화 장르가 인기를 끌었다. 당시 디즈니 영화 총괄 프로듀서 '윈스턴 히블러'와 '론 밀러'는 1974년 자신들만의 재난 블록버스터물을 제작하기로 결정하고, 이미 쓰나미, 대화재, 지진까지 소재란 소재들이 다 나온 상황에서 새로운 소재를 물색했다. 끝내 밀러는 미지의 영역인 '우주'를 선택한다.

1968년 〈2001 스페이스 오디세이〉로 SF 장르의 붐이 일면서, 제작진은 재난과 SF 두 인기를 장르를 합성하기로 하며 기획안을 만들어낸다. 〈Space Station One〉이라는 제목이 붙여진 프로젝트의 초고 줄거리는 우주로부터 구조 신호를 받은 우주선이 미지의 우주 영역으로 구조를 가는 스토리였다. 이 기획안을 바탕으로 세 명의 작가들이 시나리오 작업을 하였으나 실패해 중단되었다. 시간이 지나 '스티브 호킹' 박사가 천문학계에 센세이션을 일으킨 '블랙홀 이론'을 바탕으로 우주선이 블랙홀 중력에 이끌리다 반 중력 기능으로 줄다리기하듯 재위치를 유지하며 구조를 요청한다는 설로 재각색에 돌입했다. 그러나 이 역시 시나리오 작가들이 도중 하차하며 중단되었는데, 이 일련의 중단 사유는 과학적 고증화 실패였다고 한다. 그 사이 기획자 히블러가 사망하면서 프로젝트는 임시 중단되었다. 그러던 1977년 첫 〈스타워즈〉 영화가 개봉한다. 영화는 관객들로 하여금 우주 시대에 열광케 만들었고, 이는 프로듀서에서 새로 디즈니 회장이 된 론 밀러로 하여금 묻혀둔 프로젝트를 〈Space Probe One〉 새로운 가제로 재개하게 만들었다. 그가 직접 각색 작업에 참여하고 디즈니 TV 프로들을 연출한 베테랑 '게리 넬슨' 감독도 각색과 함께 연출을 맡으면서, 마침내 시나리오가 완성되었다. 4년의 긴 시간과 11명이 작가들이 돌아간 끝에 〈블랙홀〉이라는 최종 타이틀로 명명된 스토리는 다음과 같다.

서기 2130년 우주. 탐사를 떠난 우주선 'USS 팔로미노' 호의 '댄' 선장과 '알렉스', '해리', '케이트' 박사, '찰스' 중위 그리고 인공지능 보조 로봇 '빈센트'까지 일행들은 근방의 미확인된 거대 블랙홀로부터 구조 신호를 받는다. 그 신호의 주인공은 20여 년 전 실종된 탐사 우주선 'USS 사이그너스' 호. 그 탐사대원들 중에는 케이트의 아버지 '맥크레' 박사도 포함되어 있었다. 아버지를 찾을 수 있지 않을까 하는 케이트 박사부터 구조신호를 외면할 수 없다는 댄 선장까지의 결정에 따라 구조 작전을 실시한다. 신호를 따라 거대 블랙홀 앞에서 반중력 기능으로 줄다리기하듯 버티고 있는 사이그너스를 발견한 일행은 접촉을 시도한다. 반응이 오지 않던 그때, 사이그너스 호에 불이 켜지며 팔로미노 호를 자력으로 끌어들이며 도킹하려한다. 일방적으로 끌려간 일행들이 사이그너스 호 안으로 들어서자, 계속해서 놀라운 풍경들이 펼쳐진다. 거구의 휴머노이드 로봇들이 우주선 내부를 관리하며 주인공들을 호송하고, '맥시밀리언'이라는 이름의 붉은빛 거대로봇이 보안을 책임지고 있다. 그리고 그들 사이에서 마치 왕처럼 군림하고 있는 사이그너스 호의 수석 과학자 '라인하르트' 박사.

라인하르트 박사는 주인공 일행을 친절하게 맞아주며, 모든 대원들을 탈출시킨 뒤 자신과 맥크레 박사만 남아 우주선을 지켰으나 오랜 세월 끝에 자기 혼자 살아남아 휴머노이드들을 만들며 생존해왔다고 설명해준다. 오랜 시간 코앞 블랙홀의 중력으로부터 아슬아슬하게 버티며 우주선 내에 거대 온실을 제조, 식량을 지속적으로 공급할 수 있는 수단을 마련해 20년 넘게 살아온 것이다. 그러나 박사가 못 미더웠던 찰스와 빈센트는 박사가 안

보는 사이 우주선 이곳저곳을 탐사해본다. 그 과정에서 빈센트는 자신의 선대 모델의 로봇 '밥'을 만난다. 찌그러진 자국이 많은 밥은 빈센트에게 사이그너스 호 시스템 관리를 맡고 있는 휴머노이드들과 그들의 리더 '캡틴 스타'에 대한 공포를 얘기해준다. 캡틴 스타는 사이그너스 호 내의 시스템을 철저히 관리하며, 조그만한 실수에도 밥의 상처들이 보여주듯 가차 없이 처벌을 가한다. 그에 빈센트가 기교를 부려 캡틴 스타를 처리해주고 그에 신뢰를 얻은 밥은 사이그너스 호의 충격적인 비밀을 말해준다. 그 사이 사이그너스 호의 반중력 유지는 점점 힘을 잃어만 가는데….

제작진은 스토리를 새로 각색해가면서, 처음 염두에 두었던 〈포세이돈 어드벤처〉 대신 자신들의 영화 〈해저 2만리〉(1954)를 바탕으로 새로운 스토리를 써냈다. 그래서 바다와 같은 미지의 우주를 떠돌며 우주선 내에 자신만의 왕국을 건설한 선장 이야기로 구성한 셈이다. 그러나 당시까지 미지의 영역이던 우주에 대해 사전 지식 없이 스토리를 써 내려가기란 여간 어려운 일이 아니었다. NASA(미항공우주국) 출신 전문가들로부터 조금씩 조언을 받으며 계속 시도해보았으나, 과학적 사실을 기반으로 이를 극화시키는 작업은 여전히 어려웠다. 더군다나 블랙홀로 빨려 들어가면 어찌될지 알 수 없기에 결말도 어떻게 끝낼지 감히 상상할 수가 없었다. 촬영을 앞둔 상황에서 넬슨 감독부터 밀러까지 제작진은 촬영하는 중에라도 결말을 구성해내기로 하며 미완의 시나리오로 촬영에 들어갔다. 여기서 나아가 밀러는 또 하나의 파격적인 제안을 내놓는다. 디즈니 콘텐츠가 그동안 아동용으로 치부되어 왔다는 점에서 외면하는 청소년, 성인층에게도 어필할 수 있도록 영화를 어둡고 진취적으로 제작, 그래서 G등급(우리나라의 전체관람가에 해당)에서 (12세 관람가에 가까운) PG등급으로 영화를 만들기로 주장했다. 그렇게 촬영은 1978년 10월 시작되었다.

넬슨 감독은 주인공 라인하르트 박사 역을 독일 출신 대배우 '맥시밀리안 셸'에게 맡겼다. 이이서 역시 할리우드 고전 배우들인 '안소니 퍼킨스'와 '어니스트 보그나인'에게 각각 알렉스와 해리 박사 역을, 그리고 용감한 여성 과학자 케이트 역에는 모델 출신 배우 '이벳 미뮤'를 캐스팅하였다.(처음엔 무명 시절 '시고니 위버'도 고려되었다. 대신 위버는 같은 해 〈에이리언〉에 출연하며 스타가 되었다.) 제작진은 〈스타워즈〉에서 컴퓨터로 카메라 움직임을 원격 조종해 다양한 화면을 구사하는 '다익스트라 카메라(Dykstraflex)'를 이용하고 싶어했다. 그러나 그 대여료가 너무 비쌌기에 같은 기술의 A.C.E.S(Automated Camera Effects System)라는 이름의 카메라를 직접 만들어냈다. 또한 자신들이 자랑하는 매트 페인팅(matte painting) 기술을 총동원하여 총 150점에 달하는 우주 및 거대 우주선 내부 배경 그림들을 만들어냈다. 이는 이전까지 가장 많은 매트 페인팅이 동원된 자신들의 〈메리 포핀스〉(1964)의 기록을 넘어서는 숫자였다고 한다. 압권은 블랙홀의 이미지를 만들어내는 작업. 거대 투명 물탱크에 색색의 페인트를 섞고 회전시키며 다량의 조명들로 비춰 촬영하는 작업이었다. 당시 조명기기는 발열이 되었기에 물탱크 역시 데워져 펄펄 끓었고, 결국에는 파손되어 다량의 페인트가 세트장을 뒤덮었다 한다. 다행히 촬영 막바지라 필수 촬영은 완료해놓아 큰 지장은 없었다.

청소년, 성인 관객층을 포괄하고자 했지만, 디즈니는 아동 관객층도 잊지 않았다. 그래서 기획 초기 단계에서부터 아동 관객들에게 어필할 조연 로봇 캐릭터 디자인에 집중하였다. 처음에 스위스 나이프처럼 다양한 기구들이 매달린 디자인이었던 빈센트는 캡슐 우주선을 모델로 단순화되며 눈이 붙여졌다. 악역 로봇인 맥시밀리언의 경우 〈스타워즈〉의 '다스베이더'와 비교되지 않게 다른 모습이길 원했다. 그래서 붉은색으로 설정한 맥시밀리언은 공중부양을 요구했다. 촬영이 진행되면서 마침내 영화의 결말이 결정되었다. 비현실적이지만 미지인 블랙홀 너머 세계를 신비롭게 그리고자 〈2001 스페이스 오디세이〉에서 영감 받아 천국과 지옥의 경계라는 설정을 가미한다. 그래서 애니메이션 〈판타지아〉 (1940) 중 "민둥산의 밤" 씬에 참여한 특수효과팀을 통해 지옥 매트 페인팅 배경에 라인하르트 로봇 맥시밀리안과 혼연일체 되어 지옥에 군림하는 영상으로 완성해냈다. 셀을 제외하고 배우들 없이 시각효과로만 작업한 장면이었기에, 완성된 영화를 본 배우들도 예상치 못한 결말에 경악하였다고 전해진다.

마침내 〈블랙홀〉은 1979년 크리스마스 시즌에 개봉되었다. 그리고 우려대로 호불호가 갈리며 흥행에 실패한다. 관객들 입장에서는 느린 전개부터 막판 초현실적으로 돌변하는 결말에 혼란을 느꼈고, 평론가들은 (아이러니하게도) 〈스타워즈〉를 모방하려 했다면서 혹평했다. 여기에 일주일 뒤 첫 번째 〈스타트렉〉 영화가 개봉해 인기를 끌면서 밀려날 수밖에 없었다. 더 나아가 천문학자들로부터도 SF영화 사상 가장 비과학적인 영화로 선정되기까지 하였다.(이후 〈아마겟돈〉(1998)이 그 자리를 탈환한다.;;) 그러나 이 역시 디즈니의 또 다른 자랑인 홈비디오 시장을 통해 디즈니 팬들 사이

에서 컬트화되었다. 심지어 〈블랙홀〉은 이후 SF 영화들에도 영감을 주었
다. 음침한 성채 같은 우주선 내부부터 블랙홀을 통해 천국과 지옥을 오가
는 서사는 〈이벤트 호라이즌〉(1997)을 연상시키며, 블랙홀로 빨려 들어가
는 우주선 항해 장면들은 〈인터스텔라〉(2014)를 연상시킨다. 이처럼 〈블랙
홀〉은 〈블랙홀〉은 흥행에 실패했더라도, 디즈니가 가족주의와 같은 자신
들의 가치관이나 전문 장르에서 새로운 콘텐츠 영역으로 항해를 시도한 첫
도전으로서 재평가 받게 되었다.

신스틸러 '빈센트'의 초기 디자인(좌)과 최종 디자인(우) :
초기에는 새를 닮은 몸체에 여러 기기가 붙어 있는 거대한 모습으로 디자인되었다.
이후 머큐리 캡슐을 모델로 미키마우스 눈이 덧붙여진 모습으로 완성됐다.

〈마법의 나라 오즈〉의 경우처럼 디즈니는 1970년 후반~1980년대 접어
들면서 다양한 연령의 관객들을 포섭하고 새로운 스토리텔링을 시험하고
자 어두운 내용의 가족영화들을 제작해나갔었다. 〈블랙홀〉은 '디즈니 암흑
기(Disney's dark age)'라 불리는 이 시기를 본격적으로 연 작품인 셈이다.
그 실험의 시대를 지나 90년대 르네상스를 거쳐 2000년대에 다시 쇠락하

는 시기를 거친 디즈니는 현재 마블부터 루카스필름, 그리고 최근 '20세기 폭스'사까지 인수해 할리우드를 무시무시하게 장악해오고 있다. 이는 지금까지 미국 영화계를 안전하게 지탱해오던 1948년 '파라마운트 판결', 즉 한 영화사가 상영 배급을 독점할 수 없는 법의 종말로 평가된다. 이런 독점화 속에서 디즈니는 세계의 눈치를 살피는지 다인종, 소수자 관객들을 겨냥한 노골적인 PC주의를 마치 설교처럼 표방하는 추세다. 물론 디즈니가 과거 인종차별, 가부장제 등 극보수적 요소들을 오래 보인 건 사실이나, 영화 기술과 스토리텔링의 혁신을 시도했던 도전들은 그 불편함들을 상쇄하며 빠져들게 만들어주었다. 이는 '롤랑 바르트'를 비롯한 영화 이론가들이 주장해온 (보수와 진보 등 상반된 요소들을 서로 와해시키는) 영화 '양가성'의 한 부분이기도 하다. 현재의 불안 속에서 디즈니가 〈블랙홀〉 때부터 보여준 도전 어린 초심을 기억해주길 바라는 마음이다. 그렇게 앞으로 디즈니의 현명한 선택을 기대해본다.

(여담 : 제작진은 당시 연구 단계였던 '컴퓨터 그래픽스 이미지(Computer Graphics Image)' 즉 CG를 사용해 오프닝 크레딧 신을 만들어냈다. 이는 최초로 1분 이상의 CG 장면으로 영화사에 기록되었다.)

몬스터즈(2010)
: 화성에서 온 감독, 금성에서 온 영화

현재 할리우드에서 새롭게 촉망받는 블록버스터 감독을 고르자면 바로 '가렛 에드워즈'라는 이름이 떠오를 것이다. 에드워즈 감독은 지난 2014년 일본 대표 괴수 〈고지라〉를 〈고질라〉로 성공적으로 리메이크해낸 바 있다. 1998년 '롤랜드 에머리히' 감독에 의해 먼저 리메이크됐었으나 실망스럽게 끝났던 사례를 딛고, 원작에 대한 경애와 복잡한 휴먼 드라마를 잘 엮어 영화팬들부터 일반 관객까지 공감할 수 있게 연출해낸 것이다. 이후 그는 새

로운 스타워즈 시리즈 스핀오프 〈로그 원: 스타워즈 스토리〉(2016)도 성공시키며 차세대 블록버스터 감독으로 주목받고 있다. 그러나 많은 이들이 그의 초기 영화, 장편 데뷔작 〈몬스터즈〉에 대해서는 잘 알고 있지 않다. 필자는 본작을 2010년도 영화제에서 접해 감동적으로 본 기억이 있다. 그래서 에드워즈 감독이 〈고질라〉 리부트의 감독으로 올랐다는 소식을 들었을 때, 〈몬스터즈〉로 충분한 자격을 보여준 그가 맡게 되었다는 점에서 날 뛰듯이 기뻐한 경험이 있다. 그런 의미에서 이 젊은 블록버스터 감독과의 첫 만남이자 데뷔작 〈몬스터즈〉에 대해서 이야기해보고자 한다.

가렛 에드워즈는 영국에서 영화감독의 꿈을 안고 영화학교에 진학, 당시 새로운 교육 과정으로 들어선 CG 시각효과를 전공하게 되었다. 졸업 후 영화부터 광고에까지 CG 아티스트 작업을 해나가며 감독 데뷔를 준비해나갔다. 마침내 여러 유명 TV 드라마 연출에도 참여하게 되면서 장편영화 데뷔를 위한 여러 아이디어를 준비하던 에드워즈는 어린 시절부터 좋아했던 괴수물에 대한 열정을 회고했고, 자신만의 괴수 영화를 만들기로 결심한다. 여기에 휴가 중 어부가 문어 다리 같은 촉수들이 달린 괴물같은 물고기를 아무렇지도 않게 잡는 광경을 본 기억을 바탕으로 시나리오 작업을 해나갔다.

여러 차례 시나리오 수정을 거듭한 끝에 그는 충분한 저예산으로 자신의 열정과 장기를 살릴 대본을 써낸다. 거대 외계 괴생명체들이 중남미에 떨어져 미국과의 국경이 강화되자 외계와의 전쟁을 취재하던 미국인 커플이 귀국하기 위해 고군분투하는 이야기였다. 에드워즈 감독은 이를 독립영화사 '버티고 필름'에 제출해 캐스팅부터 펀딩까지 지원 받으며 제작이 이어졌다.

목성의 위성 '유로파(Europa)'에서 외계생명체 존재 가능성을 발견한 탐사선이 샘플을 채취해 귀환 중 미국과 멕시코 국경 지대로 추락한다. 그 잔해들 속에서 살아남은 생명체 샘플들은 거대 생명체로 급성장해 인류를 위협하기 시작, 이에 미국 정부는 미군을 파견하는 한편 멕시코 국경을 강화하며 이를 감염 구역으로 격리한다.

그렇게 6년 간 일련의 사태 속에서 미군은 물론 힘없는 멕시코 지역민들이 희생되고, 살아남은 이들은 목숨 걸고 미국으로 탈출 이민을 시도한다. 괴생명체와의 전쟁을 취재하기 위해 파견된 사진기자 '앤드류'는 임시로 국경지대가 열려 미국으로 귀국할 기회를 잡는다.

그러나 그의 편집장은 똑같이 멕시코에 머물고 있는 딸 '샘' 역시 안전하게 귀국시키라는 지시를 내린다. 앤드류는 귀찮음을 무릅쓰고 난민들을 돕고 있는 미모 어린 샘과 만난다. 어색한 만남도 잠시 한시라도 이 전쟁터를 빠져나가고 싶은 앤드류는 떠나고 싶지 않은 샘을 이끌고 기찻길에 오르지만 괴생명체들과의 전투로 열차 노선이 파괴되어 발이 묶인다.

스페인어에 능한 샘을 통해 24시간 뒤 미군이 국경을 6개월 동안 봉쇄

할 거란 소식을 들은 두 사람. 남은 24시간 안으로 국경을 넘어야 한다. 히치하이킹으로 미국으로 넘어갈 항구에까지 겨우 다다라 다음 날 아침 배편을 구한 두 사람. 하룻밤 동안 항구에 머물면서 둘은 같이 저녁을 보낸다. 앤드류는 과거 결혼하여 어린 아들을 두었으나 이혼하였고, 샘은 아버지를 통해 원치 않은 약혼을 하고 결혼식을 앞두고 있었다. 서로의 사정을 들으면서 둘은 서로에게 연정을 품게 되지만 각자 상황을 생각해 견딜 수밖에 없다.

다음 날 아침, 앤드류는 술집에서 만난 현지 여자와 하룻밤을 보낸 뒤 깨어나고, 그를 깨우러 온 샘은 그가 다른 여자와 함께 있는 데 실망한다. 앤드류가 그녀를 쫓아 달래는 사이 앤드류의 방에서 여자는 둘의 탈출구인 여권을 훔쳐 달아난다. 결국 다시 발이 묶이게 된 둘에게 남은 방법은 하나, 위험한 감염 구역을 맨발로 탈출하는 것. 샘의 다이아몬드 약혼반지와 맞바꿔 민간 가이드를 받게 된 둘은 세 가지 위험 요소들을 거쳐야 한다. 길이 없는 험한 정글과 그 속에 숨어 사는 괴생명체들, 그리고 그들이 뿜어내는 전염병….

뇌물을 받은 경비대의 안내로 감염 구역 강을 따라 내려가면서 추락한 전투기와 탱크의 잔해 등 전쟁의 흔적들을 마주한다. 여기에 고래를 연상시키는 알 수 없는 울음소리로 인해 공포감은 배가 된다. 감염 구역 정글지대에 도착한 앤드류와 샘을 새로이 안내해주게 된 이들은 공교롭게도 마약 카르텔 조직처럼 무기를 든 사람들. 그러나 이들도 괴생명체가 도사리는 환경에서 살아남기 위해 몸부림치던 평범한 지역 사람들이었다. 같이 밤을 보내면서 이들은 둘에게 괴생명체 목격담을 들려준다. 그러나 오히려 괴물들도 건드리지 않으면 위험한 존재가 아니라고 강조한다. 그리고 괴생명체들이 품는 위험하다는 바이러스도 나무에서 빛을 내며 기생하는 신비한 버섯 포자일 뿐이다. 그날 밤, 다급한 무전을 들은 안내인들은 무장을 하고 바로 이동하자고 한다. 괴생명체와의 전투가 다시 일어난 것이다. 두려움을 안고 차량 안에 숨은 앤드류와 샘은 마침내 무차별 습격하는 괴생명체와 마주한다. 하룻밤 동안의 전투 후 살아남은 둘은 안내인들부터 탈출에 동행하던 한 가족 모두가 몰살당한 흔적을 발견한다.

홀로 남은 길을 따라나간 둘은 아즈텍 피라미드를 올라 마침내 미국과의 국경인 장벽을 발견해낸다. 그 방향으로 바로 미국 영토로 들어서지만, 남부 지역 역시 이미 폐허가 된 상황. 그날 밤 신문사에 귀국을 알리기 위해 연락을 시도하는 둘에게 거대 괴생명체들이 본 모습을 드러내는데….

스토리를 읽는 것만으로 이 영화는 괴수물이나 블록버스터라기보단 로드 무비이자 멜로 드라마, 독립영화 스타일의 작품이라 느껴질 것이다. 제작 규모의 한계도 있지만 에드워즈 감독은 볼거리보단 사실주의적인 드라마에 집중하고 싶어했다. 그래서 캐스팅도 연인 사이로 발전하는 두 주인공의 자연스러움을 위해 실제 커플 사이인 배우들을 캐스팅하고자 했다. 그래서 프로듀서의 소개로 실제 연인 사이인 배우 '스쿠트 맥네리'와 '휘트니 에이블'을 캐스팅하게 되었다.

그러나 거대 규모의 세계관에 비해 제작 여건이 소규모인 건 어쩔 수 없는 상황, 그래서 에드워즈 감독은 독립영화 감독들이 주로 사용하는 최소 규모 제작 방식인 이른바 '게릴라 필름메이킹(guelilla filmaking)' 방식으로 영화를 찍기로 한다.

즉 촬영 현장에서 최소한의 스태프로만 구성해 촬영하고, 사전 답사 대신 현장에서 즉석 로케이션을 선택해 기본적인 신별 설명만으로 자연스러운 연출로 채워나가는 방식을 선택한 것이다. 에드워즈 감독이 직접 촬영과 연출을 맡고, 현장 프로듀서, 동시녹음 감독, 현장 매니저, 운전 담당까지 5명의 스태프와 주연배우 둘로만 구성해 '멕시코', '코스타리카', '과테말라', '벨리즈', 그리고 미국 '텍사스'에서 촬영이 이뤄졌다. 단역들 역시 현지인들로 즉석 캐스팅했다.

현장 편집도 편집감독이 컴퓨터와 노트북을 들고 다니며 현지 숙소에서 매일마다의 촬영분을 편집하고, 숙소를 옮길 때마다 장비를 해제하고 다시 설치하는 방식을 반복했다. 공교롭게도 편집감독은 다큐멘터리 출신이었기에 시각효과와 괴수가 등장하는 영화 편집은 처음이었단다.

그래서 에드워즈 감독은 〈죠스〉(1975)를 참고해주며 괴수를 거의 감추어 긴장감을 주다 클라이맥스에 등장하는 구성으로 요구했다. 힘든 촬영과 편집을 모두 마친 후 에드워즈 감독은 거리부터 정글 장면들 위에 특기인 CG를 입혀 외계와의 전쟁 세계관을 창조했다. 특히 도로 표지판의 문구와 픽토그램을 새롭게 그려 넣고, 폐허가 된 건축물부터 탱크와 헬기 차량들을 합성해 넣었다.

9개월간의 제작 기간 후 영화는 2010년 미국 텍사스의 '사우스 바이 사우스웨스트(SXSW)' 영화제에서 첫선을 보였다. 첫선에서부터 각광을 받은 영화는 독립영화 특성상 적은 상영관 수에도 불구하고 400백만 달러 이상이라는 괜찮은 성적을 보였다. 국내에서도 2010년 부천 국제 판타스틱 영화제에 상영되어 국내 영화팬들과 조우했다. 이때가 필자와 영화가 조우한 순간이었다.

영화 이후 〈고질라〉부터 〈스타워즈 스토리: 로그원〉의 연출을 맡게 된 에드워즈 감독은 물론이요, 맥네리도 〈프랭크〉(2012), 〈배트맨 V 슈퍼맨〉(2016) 등에 출연하였고, 에이블도 〈아바스 포제션〉(2015), 〈그 땅에는 신이 없다〉(2017) 등에 출연하며 인지도를 쌓아가게 됐다.

CG로 손쉽게(?) 바꿔낸 세계관!
식당 메뉴판에서 감염 지역 지도로 뒤바뀐 식당 메뉴판, 전과 후

〈몬스터즈〉는 독립영화계에 있어 기적적인 영화라 평가할 수 있다. 그 중심에는 시각효과가 있다. 최근 들어 눈이 피로할 정도로 남용되는 CG 비주얼에 대한 비관적인 시점이 넘쳐나는 상황에서, 에드워즈 감독은 CG가 제대로 사용되는 예를 보여주었다. 외계생명체를 표현하는 CG 외에도 붕괴된 건물부터 두 장소를 섞어 만든 풍경, 괴생명체 경고를 담은 안내판 영상들이 그를 증명한다.

특히나 저예산임에도 불구하고 또 기존의 CG 합성을 쉽게 하기 위한 블루스크린 배경이 없음에도 원본 영상과 딱 맞는 화질과 질감으로 감쪽같이 장대한 세계관을 펼쳐 보여준다. 그래서 처음 영화를 본다면 무엇이 CG이고 어떤 것이 실물인지 상상치 못할 정도다. 외계생명체들의 비주얼도 마찬가지다. 혐오스런 비주얼이 아닌 심해 해파리를 본떠 투명하면서 체내에서 형형색색 신경전파를 뿜어내는 비주얼로 신비스럽게 표현되었다. 그리고 그도 마구잡이로 등장하지 않고 주인공들의 여정 드라마와 함께 맞추는가 하면 분명한 성격을 보여주면서 묵직한 분위기를 자아내게 한다. 특히 괴생명체들의 교감 장면은 후속작 〈고질라〉에서도 유사하게 연출되어 같은 효과를 보여준다. 여기에 에드워즈 감독은 현재 이슈인 미국 이민 문제부터 중남미 민간 마약 조직, 그리고 미군의 패권주의 문제까지 얹어내며 다큐멘터리식 현실감을 추가하며 관객들에게 더 깊은 울림을 전한다.

에드워즈 감독의 이러한 능수능란한 실력이 있었기에 〈고질라〉 리메이크부터 〈스타워즈 스토리: 로그 원〉 역시 성공할 수 있었을 게다. 앞서 언급했던 것처럼 〈고질라〉의 경우 원작에 관심 없던 감독과 기존 B급 괴수 영화(혹은 재난 영화) 공식에 맞춰 대강 만든 1998년도 리메이크가 큰 실망을 안겨주었던 전례가 있었다.

이런 전례에서 에드워즈 감독은 원작에 충실하는 한편 본인의 주특기인 시각효과와 휴먼 드라마 엮어내기, 여기에 당시 세계적으로 충격을 주었던 후쿠시마 원전 사태와 이라크 전쟁에 대한 기억을 얹어 탁월하게 연출해내 청출어람(靑出於藍)을 실현하였다. 이 전략은 화려한 스타워즈 세계관 속에서도 외로이 투쟁하는 저항군의 휴먼스토리에 집중해 훌륭히 그린 〈로그원: 스타워즈 스토리〉도 마찬가지다.

더불어 최종 보스 '다스베이더'를 결말까지 철저하게 숨겨 긴장감을 높인 연출도 유사하다. 시각효과와 드라마를 잘 엮어 진중한 작품성을 겸비해 나가는 감독은 전 세계 어디에서도 흔하지 않다. '제임스 카메론', '로버트 저멕키스'가 그랬던 것처럼 에드워즈 감독도 시각효과계의 새 장을 열 거장이 될 수 있기를 지금도 필자는 간절히 바라고 또 바라고 있다. 2010년 〈몬스터즈〉로 감동을 주었던 마법 그대로.

(여담–힘겨운 촬영을 하면서 '스쿠트 맥네리'와 '휘트니 에이블'는 촬영을 무사히 마치고 나면 둘 사이에 더 이상 거칠 것이 없을 거라 농담을 하였단다. 아니나 다를까, 촬영이 무사히 끝난 뒤 둘은 바로 결혼에 골인하였다. 그러나 둘은 2019년에 9년간의 결혼생활을 마무리 지었다.)

6장

모두가 어벤져스일 필요는 없어
: 슈퍼히어로

슈퍼걸(1984)
:비켜! 내 앞길을 막지 마!

2015년, 새로운 슈퍼맨 영화 〈맨 오브 스틸〉(2013)로 새로운 프랜차이즈를 시작하던 DC 코믹스는 CBS 방송사와 손잡고 자신들의 캐릭터 '슈퍼걸'의 TV 시리즈를 제작, 방영했다. 〈맨 오브 스틸〉의 인기에 맞춰 〈슈퍼걸〉 TV 시리즈도 인기리에 방영되었다. 마침 〈겨울왕국〉(2013), 〈매드맥스 4:분노의 도로〉(2015)까지 여성 액션 캐릭터 트랜드가 인기를 끌던 때라 〈슈퍼걸〉 TV 시리즈의 인기도 급부상해 2021까지 시즌이 이어졌다. '슈

퍼걸'은 1959년 〈슈퍼맨〉을 연재하던 DC 코믹스의 〈액션 코믹스〉 252호에서 슈퍼맨의 200살 연상에 먼 사촌이라는 설정으로 첫 등장하였다. 당시로서 마이너였던 여성 캐릭터였지만 역시 정의를 사랑하고, 사랑에는 소심한 '클락 켄트'와 달리 일상에서도 적극적인 '린다 리'로서 매력을 보여주며 소년 중심이었던 코믹스 분야에 소녀 팬층 역시 끌어들이는 데 성공했다.

그 인기에 힘입어 1971년 단독 코믹스 시리즈가 출시되기 시작했고, 〈슈퍼맨/배트맨 2: 슈퍼걸〉, 〈슈퍼걸: 걸 오브 스틸〉, 〈슈퍼걸: 누가 슈퍼우먼인가?〉 등 그래픽 노블 시리즈까지 등장하였다. 그만큼 슈퍼걸의 인기도 시작부터 지금까지 무시 못 할 만큼 강력하다는 점은 사실이다! 그러나 많은 이들이 모르는 것은 슈퍼걸의 영상화는 이전에도 있었다는 사실이다. 비록 당시에 흥행과 평단에서 안타까운 성적만 거두고 DC 팬들에 의해 놀림거리가 되었지만, 시간이 흘러 여성 히어로 역사에서 뿐만 아니라 DC 코믹스에 있어서도 중요한 영화로 컬트화되고 있는 작품이다. 〈슈퍼걸〉 영화에 대해 이야기하자면, 이 기획은 누구에 의해 어떻게 이뤄졌는지부터 거슬러 올라가야 한다. 〈슈퍼맨〉 1편(1978), 2편(1980)의 큰 성공 직후 당연히 새로운 시리즈부터 그와 같은 세계관을 형성하는 스핀오프 작품 기획도 이뤄졌다. 그렇게 슈퍼맨의 사촌인 〈슈퍼걸〉이 선택되었다. 그러나 역시 시작이 순탄치 않았다.

〈슈퍼맨〉 1, 2편의 각본을 맡은 '데이빗 뉴먼'과 '레슬리 뉴먼'은 〈슈퍼맨〉 2편 혹은 3편에서부터 슈퍼걸을 카메오로 등장시킬 계획이었다고 한다. 여기서는 우주 악당 '브레니악'이 우주에서 떠돌던 어린 슈퍼걸을 거둬 자신의 신부로 만들기 위해 키우던 도중 카라가 지구로 탈출하고, 슈퍼맨과 조우해 같이 정의를 위하여 브레니악과 맞선다는 스토리로 써냈다고 한다. 더 나아가 여기서는 둘이 사촌 사이가 아닌 연인 사이가 된다는 설정을 새로 추가하였다. 그러나 제작사 '워너 브라더스'에서는 예산 문제로 이 시나리오를 기각하였고, 슈퍼걸과 브레니악을 완전히 배제한 채 저예산 전문 제작사 '캐논(CANNON)' 영화사에 하청을 주며 〈슈퍼맨 3〉(1983) 촬영을 진행시켰다. 그럼에도 워너는 새로운 시리즈로서 〈슈퍼걸〉 제작에 흥미를 가졌기에 〈세서미 스트리트〉, 〈다크 크리스탈〉(1982) 작가 출신 '데이빗 오델'을 기용해 새로운 시나리오를 써내 기획에 들어갔다. 그와 함께 연출은 프랑스 출신 할리우드 영화감독 '지노 슈와르크'가 맡게 되었다.

지노 슈와르크 감독은 미국으로 건너와 공포영화 〈독충〉(1975)을 연출하며 새로운 서스펜스 감독으로 할리우드의 주목을 받았고, 마침 당시 흥행 신기록을 세운 〈죠스〉(1975)의 속편 기획이라는 불안하던 프로젝트를 〈죠스 2〉(1978)로 훌륭하게 성공시킨 이력을 갖고 있었다. 뿐만 아니라 슈퍼맨 배우 '크리스토퍼 리브' 주연의 판타지 멜로영화 〈사랑의 은하수〉(1980)로 고품격 로맨스물을 연출해냈다는 격찬까지 받아냈다. 이 정도 이력이면 그도 슈퍼히어로 액션물을 연출하기에 충분한 자격이 있을 만해 보인다. 여기에 〈슈퍼맨〉으로 인연을 맺은 영국 파인우드 스튜디오의 베테랑 스텝들이 촬영, 미술, 특수효과 등에 참여하며 제작에 많은 기대가 모아졌다. 그러나 역시나 제작사로부터 새로운 문제가 시작되었다.

〈슈퍼맨〉 1, 2편의 어마어마한 성공에도 불구하고 워너는 시각효과에 들어가는 막대한 제작비에 부담감을 느끼고 있었다. 그래서 1편에 이어 2편을 연출하던 '리차드 도너' 감독을 해고하고 '리차드 레스터' 감독을 새로 기용해 싼 값에 마무리하도록 했다. 앞서 설명한 대로 이후 시리즈는 캐논 영화사에 하청을 주며 예산을 아껴나갔다. 당시 캐논 영화사는 받은 제작비의 절반을 동 시기 혹은 차기 제작하는 영화에 투자하는 식으로 예산을 아껴나가는 식으로 악명이 높았는데, 그럼에도 워너에서는 그에 따르는 퀄리티에 개의치 않고 슈퍼맨이라는 브랜드 자체만으로 필요한 수익을 거둘 거라 믿으며 이런 식의 예산 절감 방식을 계속해나갔다. 배경에서 〈슈퍼걸〉 제작도 그 운명을 피할 수 없었다.

그나마 캐스팅에는 큰 노력이 들어갔다. 영화의 빌런으로 주인공과 똑같이 붙을 만한 여성 캐릭터로서 '마녀 셀레나' 캐릭터를 새로이 창작하고, 슈와르크 감독 의도에 따라 연기파 대배우로 캐스팅하고자 했다. '돌리 파튼', '제인 폰다', '골디 혼' 등이 물망에 오르다 〈우리에게 내일은 없다〉(1967), 〈차이나타운〉(1974)으로 인기를 얻고 〈네트워크〉(1976)로 아카데미 여우주연상을 탄 스타 '페이 더너웨이'가 셀레나 역으로 캐스팅됐다. 슈퍼걸의 스승 '잘타' 역으로도 〈아라비아의 로렌스〉(1962)로 유명한 영국 대배우 '피터 오툴'이 캐스팅되었다. 그리고 가장 중요한 역할이자 주인공 '슈퍼걸' 캐스팅으로는 당대 청춘스타 '브룩 쉴즈'와 '멜라니 그리피스'가 고려된 끝에 신인 배우 '헬렌 슬레이터'가 캐스팅되었다. 오디션에서부터 그녀는 〈슈퍼맨〉의 '크리스토퍼 리브'가 보여주었던 강인함과 순수함을 똑같이 보여주며 제작진의 눈을 사로잡았다. 그 외 슈퍼걸의 지구인 친구 '루시 레인' 역에 '모린 티피', 슈퍼걸과 러브 라인을 형성하는 '에단' 역에도 '하트 보크너'까지 인기 스타들이 총 캐스팅되면서 본격적인 촬영이 시작됐다. 이 화려한 제작진과 캐스팅에도 불구하고 비용 절감 전략에 시달리게 된 슈퍼걸의 서사는 과연 어떻게 펼쳐졌을까?

크립톤 행성이 파괴된 뒤로 수 년 후, 우주로 대피하여 살아남은 크립톤인들은 인공 행성 '아르고 시티'에 모여 삶을 연명해가고 있다. 이들 중 호기심 많은 소녀 '카라 엘'은 아르고 시티의 정신적 지주인 '잘타'가 갖고 있는 '오메가 헤드론'에 관심을 보인다. 잘타는 오메가 헤드론이 아르고 시티의 에너지 원천이라 알려주며 동시에 상상하는 무엇이든 창조할 수 있는 능력을 지녔다고 알려준다.

그러나 그를 멋대로 가지고 놀던 카라는 실수로 그를 우주 한가운데로 날려버린다. 결국 에너지원이 사라지자 아르고 시티에는 어둠과 굶주림이 돌기 시작하고, 잘타는 오메가 헤드론을 되찾기 위해 우주로 떠나려한다. 그러나 죄책감을 느끼던 카라는 잘타의 우주선에 몰래 탑승해 혼자 직접 오메가 헤드론을 찾아 나선다. 오메가 헤드론이 주는 신호를 따라 우주를 떠돌던 카라는 마침내 지구에 상륙해 슈퍼걸이 된다.

한편 지구로 떨어진 오메가 헤드론은 세상을 지배하고픈 야욕을 품은 마녀 '셀레나' 손아귀에 들어간다. 일련의 주술들이 실패하여 좌절한 상태였던 셀레나는 주술을 실현시켜 주는 오메가 헤드론의 힘을 자기 멋대로 쓰기 시작한다. 그사이 신호를 따라 '메트로폴리스' 시 외곽 시골 마을에 도착한 슈퍼걸은 인간 세계에 섞여 들어가고자 '린다 리'라는 이름의 소녀가 되어 기숙사 여학교에 전학생으로 들어간다. 학교에 입학한 린다—슈퍼걸은 기숙사에서 '루시 레인'이라는 학생과 같은 방을 쓰게 된다. 마침 루시는 슈퍼맨의 연인인 '로이스 레인'의 사촌이었고, 린다도 자신의 사촌 슈퍼맨의 또 다른 자아이자 로이스의 동료 '클락 켄트'의 사촌이라 소개하며 둘은 친해진다. 린다는 오메가 헤드론의 신호를 찾아 헤매면서도, 루시부터 약한 학생들을 괴롭히는 일진 학생들을 초능력으로 골려주고 위기에 빠진 학생들을 남모르게 구해준다.

한편 셀레나는 눈독 들이던 잘 생긴 잡역부 '에단'을 자신의 것으로 만들기 위해 사랑의 약물을 만들어 에단에게 몰래 먹인다. 약물에 잠이 든 에단이 깨어날 때 자신을 얼굴을 처음으로 보여주면 영원한 사랑에 빠진다는 주문에 따라 기다리던 셀레나가 한눈을 판 사이 에단은 잠에서 깨어나 도시로 나간다. 천리안으로 에단을 찾은 셀레나는 오메가 헤드론에서 얻은 파워로 굴착기를 조종해 에단을 다시 끌어들이려하지만 그 파워는 자기 힘으로 통제가 불가능한 힘이었다. 결국 굴착기가 멋대로 도시를 휘젓자 근처에서 루시와 식사하던 린다는 슈퍼걸로 변신, 굴착기를 멈추고 에단을 구해낸다. 그리고 역시나 에단은 약에서 깬 뒤로 처음 본 슈퍼걸에게 반하게 된다. 이 모든 광경을 지켜본 셀레나는 에단을 되찾고 자신에게 위협적인 슈퍼걸을 견제할 새로운 계획을 세운다….

　스토리만 읽어봐도 이야기가 다소 심플하면서 삐걱대는 걸 느낄 수 있을 것이다. 촬영 중에 예산 문제로 시나리오가 계속 변경되면서 일부 액션 신 및 스토리가 삭제되며 촬영을 축소화시켰다. 그 바람에 카라가 어떻게 지구에 도착하고, 어떻게 어디서 의상까지 얻으며 슈퍼걸이 됐고, (아무리 유명한 사촌이라 할지라도) 슈퍼맨이 지구에서 활약하고 있단 사실 또한 언제부터 알고 있는지 설명 없이 휙휙 전개된다. 여기에 목표인 오메가 헤드론을 찾아내야 하는 것도 급한데, 에단과 멜로 드라마를 형성하며 셀레나, 슈퍼걸, 에단 사이 삼각관계 역시 사족처럼만 느껴진다. 또한 앞서 말했던 대로, 슈퍼맨 1, 2편을 찍으며 특수효과 제작비에 부담을 느낀 워너는 그 제작비 역시 대폭 축소시켰다. 그 결과 자랑거리인 하늘을 나는 장면들에서 합성 티가 심히 나게 되었고, 뿐만 아니라 투시 장면, 눈에서 뿜는 레이저 또한 유치찬란하게 어색할 뿐이다. 가장 최악은 셀레나와의 마지막 격투 신. 셀레나가 다른 차원에서 불러들인 괴물이 슈퍼걸을 두 앞발로 잡는 장면에선 헬렌 슬레이터의 영상을 좌우로 길게 늘려 합성하는 식으로 초간

단하게 표현하되 최악으로 보인다. 그러니 영화의 클라이맥스임에도 별 긴장감이 느껴질 수가 없다.

그럼에도 영화가 훌륭하게 만든 부분들은 있으니 살펴보도록 하겠다. 특히 캐스팅에 큰 노력이 들어간 만큼 웬만한 배우들의 연기는 훌륭하다. 특히 영화의 핵심인 주인공 슈퍼걸을 맡은 헬렌 슬레이터는 신인임에도 슈퍼영웅으로서 호감도 가고 용맹한 모습을 잘 연기했다. 당시까지 영화계에서 여성상은 소극적인 캐릭터로 머물러 있었는데, 그녀는 대놓고 그리 표현하지 않으며 여성 히어로의 전범을 보여주었다. 같은 매력을 보여준 친구 루시 역의 모린 피티부터 잘타 역의 피터 오툴까지도 말이 필요 없이 훌륭하다. 다만 악역 셀레나를 연기한 페이 더너웨이의 연기가 불안해 보이는데, 유원지에 살며 주술을 쓰는 마녀라는 황당한 설정에 연기까지도 과장되어 보인다. 그럼에도 역시 대배우 아니랄까. 그 특유의 카리스마를 슈퍼빌런으로서 충분히 보여주긴 하였다.

무엇보다 영화의 큰 자랑거리는 위대한 음악감독 '제리 골드스미스'의 웅장한 테마곡!! 아카데미상을 안겨준 〈오멘〉(1976)을 비롯해 〈스타트렉〉(1979), 〈그렘린〉(1984), 〈뮬란〉(1998), 〈미이라〉(1999)까지 대작들에서 강렬한 음악을 만들어온 그답게 이번 영화에서도 그만의 개성이며 우렁찬 테마곡을 들려주었다. 아니나 다를까 이전에 골드스미스는 〈슈퍼맨〉의 음악감독으로 맨 처음 고려되었지만 계약상 참여가 불가해 '존 윌리암스'에게 넘어갔다고 한다. 그때의 아쉬움을 배경으로 다시 히어로 음악을 맡았기에, 유명한 〈슈퍼맨〉 테마곡 못지않게 영화의 아쉬운 퀄리티를 잊게 해줄 만한 훌륭한 영웅의 행진곡이 탄생할 수 있었을 게다.

그럼 이후 어떻게 되었을까? 슈와르크 감독은 〈슈퍼걸〉로 제작사 워너부터 DC와 불화를 겪은 후 〈산타클로스〉(1985), 〈셜록과 헤라클레스〉(1996) 등을 연출하고, 90년대부터는 TV 드라마 연출에 집중하게 되었다. 그 과정에서 〈스몰빌〉(2001~2011)을 통해 DC 유니버스로 귀환하였다. 지금까지 할리우드 안팎으로 활약하는 대배우 페이 더너웨이는 말할 것도 없다. 가장 놀라운 건 주인공 헬렌 슬레이터의 근황이다. 〈슈퍼걸〉로 데뷔한 후 〈레전드 오브 빌리 진〉(1985)를 비롯해 영화 및 TV 출연을 계속하는 한편 더 나아가 싱어송라이터, 작가가 되어 여러 편의 노래와 희곡, 심지어 슈퍼걸 그래픽 노블의 스토리 등을 써냈다. 심지어 고고학에도 관심을 가져 『Myths of Ancient Greece』라는 교육 서적을 출간하기도 했다. 물론 슈퍼걸을 연기하였던 기억을 즐겁게 회상하며 코믹콘에 종종 참석하고도 있다. 심지어 〈스몰빌〉, 〈슈퍼걸〉 시리즈에서는 뉴 슈퍼맨과 슈퍼걸의 어머니 역으로 출연해 후대 히어로 배우들의 멘토가 되기까지 했으니, 현실에서도 진짜 슈퍼걸이 되어 돌아왔다 해도 과언이 아닐 게다.

하필 〈슈퍼맨〉 시리즈의 추락과 동반되는 바람에 참담한 과정을 맞았어도 〈슈퍼걸〉은 여성 슈퍼히어로 영화를 메이저로 전면에 내세우려 한 점에서 의미심장할 것이다. 지금은 〈블랙 위도우〉(2021), 〈원더우먼〉(2017), 심지어 TV 시리즈 〈제시카 존스〉, 〈미즈 마블〉까지 여성 슈퍼히어로 콘텐츠가 넘쳐나지만, 1980년대까지만 해도 여성 슈퍼히어로는 마이너한 존재였다. 물론 1990년대 후반~2000년대 동안 여성 히어로 영화화들이 있기는 있었다. 그러나 그렇게 만들어진 〈캣우먼〉(2004)부터 〈엘렉트라〉(2004)까지 작품들은 퀄리티부터 흥행에까지 처참한 실패를 맛보았다. 아마도 기존 남성 슈퍼히어로 공식에 익숙해 있던 참에 다른 성별, 다른 분위기의 히어로물을 급히 만들려다 보니 받아들이기 쉽지 않았을 게다. 여기에 여성 히어로라는 점에서 (똑같이 남성에게도 근육으로도 적용되는) 육체적 섹시미를 강조하다 보니 강한 이미지보다는 성적 대상으로 남용되어지곤 한 점도 피할 수 없는 문제일 것이다.

DC 유니버스로 돌아온 슈퍼걸 : 헬렌 슬레이터!
〈스몰빌〉(좌)과 〈슈퍼걸〉(우)

그러나 이를 단순히 성별의 문제, 젠더 감수성의 문제로만 볼 수는 없다. 〈슈퍼맨〉, 〈배트맨〉도 그랬듯 슈퍼히어로 코믹스의 영화화도 오랜 시간이 걸렸고 많은 실패들이 있었다. 70년대부터 시도되었지만, 2010년대가 돼서야 지금의 성공을 거둔 마블의 역사도 이를 증명한다. 대신 (코믹스 원작은 아니지만) 〈레지던트 이블〉(2002~2016), 〈언더 월드〉(2003~2016) 시리즈가 정통적인 히어로 서사와 여성적 매력을 알맞은 비율로 맞춰내 흥행을 이끌어가 모범을 보여주기도 하였다. 여기서부터 혹은 〈슈퍼걸〉의 실패에서부터 현재 여성 히어로 콘텐츠의 대유행까지도 똑같이 먼 길을 걸어온 셈이다. 결과가 어찌하였든 간에 첫 〈슈퍼걸〉 영화는 정의와 평화를 사랑하는 새로운 여성 히어로의 전형으로서 그 호감을 계속해서 보여주고 있다. 모두 슬레이터의 열정 어린 연기와 슈와르크 감독의 친절한 연출 덕분이다. 이가 초석이 되었으니 지금의 〈슈퍼걸〉 TV 시리즈가 나오고 또 포기하지 않고 지금의 여성 히어로 대유행을 만들어낸 것도 이 위대한 첫 시도가 있었기에 가능한 셈이다. 심지어 배우 헬렌 슬레이터도 현실의 슈퍼걸이 되었으니, 누가 그녀의 앞길을 막겠는가??

하워드 덕(1986)
: 마블 '최초'의 히어로!

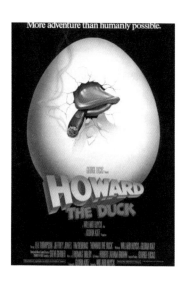

두말이 필요 없다! '마블 시네마틱 유니버스(이하 '마블')'는 현재 지구상에서 가장 영향력 있는 영화 프랜차이즈임은 분명하다. '아이언맨', '토르', '캡틴 아메리카', '블랙 위도우', '스파이더맨', 그리고 '블랙 팬서'까지 마블이 만화책에서 스크린으로 창조해낸 영웅들은 현실의 대중들에게도 실존하는 우상으로 받아들여지고 있다. 혹자는 미국식 영웅주의, 자본주의 이데올로기라 비판하기도 하지만, 그만큼 대중문화로서 관객들의 욕망을 잘 알고

반영해왔기에 지금 같은 '초능력'을 이룩했을 것이다. 그리고 당연히 그 능력도 하루아침에 얻은 것은 아니다. 장대한 역사만큼 많은 준비 과정과 실패들이 있었다. 이 역사 속에서 많은 이들이 애매해하는 지점은 이 마블 시네마의 기원은 어떤 작품인가일 것이다. 물론 공식적으로는 2008년 〈아이언맨〉이 시네마틱 유니버스의 시작으로 기획된 게 사실이다. 그 외 혹자는 먼저 성공적으로 영화화한 〈스파이더맨〉(2002)부터 〈엑스맨〉(2000), 〈블레이드〉(1998)를 꼽기도 한다.

그러나 누가 먼저든 상관없다. 이전 〈슈퍼맨〉(1979), 〈배트맨〉(1989) 시리즈로 1980~1990년대를 제패하던 경쟁사 'DC 코믹스'(이하 'DC')가 잠시 주춤하던 사이 불사조처럼 떠올라 수퍼히어로 영화 장르를 부활시켰다는 점에서 이 작품들 모두 큰 의미들을 가진다. 그러나 대다수가 진정으로 모르는 점은 〈아이언맨〉도, 〈스파이더맨〉도, 〈엑스맨〉도, 〈블레이드〉도 모두 최초 마블 영화가 아니라는 사실이다. 1986년 '윌러드 휴익' 감독의 〈하워드 덕〉이야말로 '찐으로' 공식적인 최초다. 이 영화를 못 들어봤다고? 당연할 것이다. 영화는 흥행부터 비평에까지 처참하게 실패했으며, 마블에서조차 이 영화를 창피해해 아예 존재 자체를 거의 부정하다시피하기 때문이다. 현재 질주 중인 마블의 역사를 회고하는 면에서, 〈하워드 덕〉의 스토리와 비하인드에 대해 자세히 리뷰해보도록 하겠다. 제정신 아닌 스펙터클한 (?) 이야기가 될 테니 잘 따라오도록~.;;;

먼저 '하워드 덕'의 역사부터 살펴보자. 하워드 덕은 1973년 마블 코믹스

〈Adventure into Fear〉 이슈 19호에서 최초로 등장하였다. 인류 대신 오리가 진화해 문명을 이룩한 평행세계 지구에서 블랙홀로 빨려들어와 우리세계 지구로 날아온 오리 캐릭터라는 설정이다. 꽥푸(쿵푸의 패러디)에 능해 싸움도 잘하고, 성격이 시니컬해 시비를 잘 걸지만 사랑 앞에서는 한없이 로맨티스트이기도 하다. 디즈니스런 말하는 동물 캐릭터지만 냉소적 성격부터 두드러진 그림체로서 필름 느와르 스타일을 접목시킨 하워드는 첫 등장부터 인기가 높아지게 되었고, 바로 1976년 단독 코믹스 시리즈로도 나오는 한편 '어벤져스' 멤버에도 합류할 수 있게 되었다. 그러나 이를 불편하게 여긴 이가 있었으니, 바로 (아이러니하게도) 디즈니였다. 디즈니는 하워드가 자신들의 '도날드 덕'과 유사하다는 이유로 마블을 고소하였다. 소송에 시달리게 된 마블은 이를 회피하고자 기발한(?) 방침을 조치하였으니, 도날드와 달리 하워드에게 바지를 입히는 조치였다. 그렇게 바지부터 정장을 입은 하워드 덕은 계속 연재되어 현재까지 높은 인기를 구사해오게 되었다. 그리고 이는 곧 거장 '조지 루카스' 눈에 들어갔다.

〈스타워즈〉 시리즈(1977~19983)로 영화사를 새로 쓴 감독이자 제작자 조지 루카스는 〈인디아나 존스〉 시리즈(1981~1989)부터 시작해 다양한 영화들을 제작해가며 만인의 주목을 받아가고 있었다. 차기작을 물색하던 루카스는 친구이자 〈스타워즈〉, 〈인디아나 존스〉 시리즈의 공동 작가 윌러드 휴익이 읽고 있던 하워드 덕 만화책을 발견하고는 함께 재밌게 읽은 뒤 그 자리에서 영화화를 결심한다. 이로써 하워드 덕은 최초로 장편–실사화된 마블 코믹스가 된 것이다. 사실 마블도 〈슈퍼맨〉의 성공에 따라 여러 영화화 제안을 받았지만 (지금과 다르게) 영화화에 그리 관심이 없었다. 80년대 당시 〈슈퍼맨〉 시리즈를 제외하면 코믹스 영화 장르가 확립되지 않았을 때라 이미지 타격이 우려되었기에 쉽게 판권을 내주지 않았던 것이다. 그러나 〈스타워즈〉, 〈인디아나 존스〉로 상업적, 비평적 성공을 거둔 루카스에겐 신뢰를 가질 수 있었기에 판권을 내주었다. 루카스도 자기 휘하 특수효과팀 ILM을 통해 〈스타워즈〉 시리즈로 쌓아온 기술들을 총동원하였고, 감독을 희망하던 휴익에게 직접 연출을 맡기면서 영화화가 시작됐다. 흥행 제작자가 기획하고 최고의 특수효과팀까지 뭉친 최초의 마블 코믹스 영화화임에도, 어떻게 참패하고 잊힐 수 있었을까?

지구와 유사하나 인간 대신 오리가 진화하여 문명을 건국한 우주 멀리 어느 별. 오늘도 일을 마치고 집에서 〈플레이덕〉(?!) 잡지를 읽으며 휴식을 취하던 하워드는 난데없이 알 수 없는 힘에 이끌려 아파트 벽을 뚫고 우주 저 멀리로 날아간다. 저 멀리, 아주 저~ 멀리 날아간 하워드가 마침내 떨어진 곳은 우리 지구, 미국 클리브랜드(Cleveland). 그곳에서 하워드는 한 기타리스트 여인이 깡패들로부터 위협을 받는 상황을 보고 참다못해 필살기 꽥푸로 여인을 구해준다. 구출 받은 여인 '비벌리'는 말하는 오리 하워드를 보고 놀라지만 자신을 구해준 보답으로 갈 곳 없는 하워드를 자신의 집에서 쉬게 해준다. 다음 날 비벌리는 자연사 박물관에서 일하는 과학자 친구 '필'에게 하워드를 소개한다. 연구원생 신분이지만 필은 하워드가 같은 시간대로 발전한 평행세계 지구에서 유인원 대신 오리가 지능화된 존재임을 밝혀낸다. 그럼에도 결국 하워드를 돌려보낼 방도엔 전혀 도움이 안 되는 필을 뿌리치고, 괴물처럼 주목받는 자기 신세에 한탄하던 하워드는 비벌리에게도 짜증을 내며 헤어진다.

다시 혼자가 된 하워드는 직업 소개소를 통해 일자리부터 구하고자 한다. 그렇게 맡은 일은 성인용 사우나 알바!!;; 남녀가 부끄럼 없이 부비부비를 즐기는(-_-;) 비위생적인 환경에 참다못한 하워드는 직장에서 뛰쳐나오고, 결국 빈손으로 다시 비벌리에게 돌아간다. 비벌리가 공연을 하는 클럽에 들어선 하워드는 비벌리의 매니저가 그녀를 험담하며 수익을 빼돌렸다는 이야기를 엿듣는다. 역시 꽥푸 실력으로 매니저 일당을 발라버린 하워드는 계약 해지와 함께 빼돌린 돈을 받아내면서 비벌리와도 화해한다. 다시 비벌리의 아파트에서 지내게 된 하워드는 하의실종 비벌리와 같은 침대에 잠자리를 마련하며 그녀와 찐한 썸(?!?)을 탄다. 비벌리도 장난삼아 하워드 유혹에 나서고, 인간과 오리 사이 분위기가 끈적(?!!)해지던 그 순간 필이 과학자들을 데려오면서 큰일(?)을 막아낸다. 필과 함께 온 과학자 '제닝'은 자신이 연구하던 가속 레이저 실험으로 하워드가 지구로 날아왔다는 결론을 내리고 그 방법을 통해 하워드를 원래 세계로 돌려보내기로 한다. 그러나 다시 그를 위한 테스트 중 예상치 못한 존재가 레이저를 타고 온다.

연구소에 화재가 나 찾아온 경찰들이 하워드를 불법 외계인(illegal alien : 불법 이민자...;;)이라는 이유로 체포하려 하자, 비벌리와 제닝 박사의 도움으로 도망쳐 한 식당에 몸을 숨긴다. 욱일승천 마크를 유니폼에 새긴 제정신 아닌 듯한 식당에서 제닝은 이상한 목소리를 낸다. 자신이 레이저를 타고 온 그 정체불명의 존재라는 목소리의 주인공은 제닝의 몸을 빌려 자신이 지구에 온 것처럼 레이저 기술로 자신의 종족들을 불러 지구를 정복할 음모를 말해준다. 악당이 친절하게 자신의 계획을 말해주는 것도 황당한데, 그 상황에서 눈치 없는 식당 안 트럭 운전사들이 비벌리에게 추파를 건다. 한 성질 하는 하워드와 운전사들 간의 한판이 시작되지만, 결국에 잡힌 하워드는 피에 굶주린 운전사들과 요리사에 의해 중국식 오리구이(?!)가 될 위기에 처한다. 그때 비벌리가 기지를 발휘해 제닝에게 하워드가 그의 종족을 불러낼 힘이 있다고 속이고 제닝에게 빙의한 '어둠의 마왕'은 온갖 레이저 광선쇼로 식당을 폭발시켜버린다. 그리고 하워드를 유인하기 위해 비벌리를 납치하여 연구소로 돌아간다. 경찰부터 자신에게 걸린 현상금을 챙기려는 모두로부터 쫓기게 된 하워드는 하는 수 없이 바보스런 필과 함께 경비행기를 타고 비벌리를 구하러 출동하는데….

지금까지 소개한 스토리만 봐도 약 빨았다 생각할 만 하지만, 하나하나 분석 들어가겠다. 애초 〈하워드 덕〉은 여타 코믹스 영화와 마찬가지로 가족용 영화를 목적으로 기획되었다. 그러나 영화는 비벌리와의 러브 신(?)부터 영화 오프닝 오리 행성 신에서 갑툭튀하는 오리 가슴(?!!)까지 아이들에게 너무나도 부적절한 성적이며 어두운 블랙유머들이 난무하다. 그렇다고 성인들이 즐기기에도 그 유머들은 유치찬란하기 짝이 없고, 스토리도 만화적으로 쉽게 쉽게 해결되는 등 허술하게만 보일 뿐이다. 더군다나 〈백투더퓨처〉(1985)의 하이틴 스타 '리아 톰슨'부터 젊은 시절부터 대배우 싹을 보였다던 '팀 로빈스'까지 출연했음에도 코미디 톤을 맞춰 연기하다 보니 바보스러워 보일 뿐이다. 다시 말하면, 관객 타깃층에 있어 수위 조절에 실패한 셈이다. 압권은 우주 마왕이 제닝에게 빙의된 뒤 벌어지는 3막일 게다. 어두운 붉은 조명 아래서 기이한 제닝의 분장과 에너지를 충전하는 촉수, 스톱모션으로 훌륭하게 만들어졌으나 아이들에겐 너무나 징그러울 마왕의 비주얼까지가 온 가족용 블록버스터라기엔 혐오스러워 보인다. 이런 점들 때문에 로저 에버트, 진 시스켈을 위시한 평론가들에게 혹평일색이었던 건 말할 것도 없다.

지금까지 영화의 심각한(?) 문제점들을 살펴보았지만, 그럼에도 (이번 글에서 이번 영화를 추천하는 이유인)영화의 장점들도 얘기해보겠다. 이러한 문제들에도 불구하고 영화를 보다 보면 제작자 조지 루카스와 감독 윌러드 휴익이 영화에 최대한 쏟아 부은 열정이 느껴진다. 그림자 연출로 강렬한 필름 느와르 분위기가 느껴지는 오프닝에서부터 지상부터 공중까지 아우르는 추격전과 대결 신까지는 오락 영화로서 충실한 감각을 수행한다. 특히 CG 없던 시절 특수효과들은 얼핏 어색해 보여도 ILM답게 모든 기술을 총동원해 보여주었다. 그 대표가 바로 주인공 하워드의 비주얼이다. 현대 같으면 〈어벤져스 2:에이지 오브 울트론〉(2015)의 '울트론'이나 〈가디언즈 오브 갤럭시〉(2014)의 '로켓'처럼 풀 CG로 구현할 캐릭터를 영화는 원격조종으로 표정이 디테일하게 움직이는 인형 탈을 소인 배우 '에드 게일'(Ed Gale-그는 똑같이 로봇 탈을 쓰고 〈사탄의 인형〉(1988) '처키'를 연기한 것으로도 유명하다.)이 쓰고 연기해 실감이 난다. 여기에 브로드웨이 배우 '칩 지엔(Chip Zien)'이 성우를 맡으며 하워드의 로맨티스트적 성격이 강해졌다. 참고로 그가 성우를 맡기 전까지 '로빈 윌리암스', '마틴 쇼트', '존 쿠삭' 등 스타 코미디 배우들이 물망에 올랐다 한다.

더불어 두 번째 특수효과 명장면은 우주 마왕이 등장하는 클라이맥스이다. 역시 CG 대신 스톱모션 애니메이션으로 연출해낸 장면으로, 여러 촉수와 다리들이 움직이는 모습은 실제 생물처럼 자연스럽다. 이 장면은 루카스부터 스필버그가 존경해온 스톱모션 애니메이션 감독 '필 티펫'의 솜씨로 '스노우 워커', '톤톤' 등 〈스타워즈〉를 상징하는 캐릭터들부터 〈로보캅〉(1987)의 'ED-209'까지에 생명을 불어 넣어주며 특수효과 거장 자리에 온 인물이다. 레이저 광선이 휘날리는 장면들도 CG로 익숙한 지금 시각에서 보기에 허술해 보이더라도, 역시 〈스타워즈〉에서의 광선검, 광선총에 사용된 로토스코핑(rotoscoping) 기술을 극한으로 밀어붙인 장면들이다. 더불어 음악들도 훌륭하다. 하워드 덕 테마송을 비롯한 록 음악들에 당대 최고

의 팝 아티스트들이 참여했고, 오리지널 스코어도 〈겨울의 라이온〉(1969),
〈아웃 오브 아프리카〉(1985), 〈늑대와 춤을〉(1990)로 3차례 아카데미 음악
상을 수상한 거장 '존 베리'의 솜씨다. 대서사 영화부터 007 시리즈에서까
지 음악을 전문으로 맡아온 거장답게 재즈와 오케스트라를 넘나드는 음악
들이 분위기를 돋운다.

하지만 끝내 영화가 흥행에 대실패를 하면서 윌러드 휴익 감독은 다시 장
편 연출을 맡지 못하게 되었고, 조지 루카스와의 우정도 끝나고 만다. 루카
스도 영화의 실패로 인한 재정난을 해결하기 위해 ILM 내 애니메이션 시각
효과팀을 해산시켜야 했다. 정확히 말하자면 그 부서를 당시 애플사에서 쫓
겨나 새로운 사업을 찾던 '스티브 잡스'에게 팔았는데, 이때 잡스는 그 팀에
서 연구하던 컴퓨터 애니메이션 기술에 적극 지원하게 되었고, 그렇게 전설

의 '픽사 스튜디오'가 탄생하게 되었다는 후문이다. 다시 말해, 〈하워드 덕〉이라는 대실패가 아이러니하게도 〈토이 스토리〉(1995)부터 최근 〈버즈라이트이어〉(2022)까지 명작들을 만드는 CG 애니메이션 명문가를 탄생시켜준셈이다. 또한 영화로 커리어의 위기가 왔던 주연 리아 톰슨과 팀 로빈슨도각자 TV 드라마 〈Caroline in the City〉(1995~1999)와 〈쇼생크 탈출〉(1994)을 통해 스타 배우의 위치로 돌아갔으며, 루카스도 〈인디아나 존스 : 최후의성전〉(1989)과 〈스타워즈〉 프리퀄 시리즈(1999~2004)에 집중하며 위기를극복해나갔다. 대신 마블의 시네마틱 유니버스의 꿈은 더 멀어져만 갔다.

사실 〈하워드 덕〉 이후로도 다행히 마블의 영화화 시도들은 계속 이어졌다. 액션스타 '돌프 룬드그렌'(〈아쿠아맨〉에서의 '네레우스 왕'!)을 주연으로내세운 〈퍼니셔〉(1989), 저예산 전문 제작사 캐논(CANON) 영화사에서 싸게 만든 〈캡틴 아메리카〉(1990), 그리고 B급 영화계의 대부 로저 코먼에 의해 최악 퀄리티로 만들어진 〈판타스틱 포〉(1994)까지가 그들이다. 그러나이들 모두 저예산으로 제작되는 바람에 퀄리티가 형편없었으며 참담한 흥행 성적만 거뒀다. 그 사이 DC가 〈슈퍼맨〉 시리즈에 뒤이어 〈배트맨〉 시리즈도 성공시키면서 홀로 전성기를 누렸다. 심지어 〈마스크〉(1994), 〈스폰〉(1997) 등 비주류 코믹스 영화들부터 〈다크맨〉(1990)과 같은 창작 슈퍼히어로 영화들이 대신 유행하기도 하였다.

1998년 〈블레이드〉부터 시작해 시네마틱 유니버스의 시작인 〈아이언맨〉까지로 마블이 지금의 자리를 잡는 데 있어 긴 시간이 걸려온 셈이다. 그리고 앞서 말했듯, 또 이해할 수 있듯 마블은 〈블레이드〉 이전까지 실패한 영화들의 존재를 거의 부정하듯 하고 있다. 그럼에도 영화광들은 초창기 엉망진창의 마블 영화들을 찾아내었고 인터넷을 통해 알리면서 숨겨져왔던 그 존재들이 알려질 수 있었다. 그리고 그 중에 하워드도 있었다.

루카스의 혹은 윌러드 휴익의 야심찼던 〈하워드 덕〉은 본인들부터 마블에까지 큰 손해를 끼쳤지만, 최초의 마블 코믹스 원작 영화라는 점에서는 영화사적 의미가 있다고 해도 과언은 아니다. 특히 '슈퍼맨'부터 '배트맨', '아이언맨'까지 초능력과 첨단무기로 무장한 정통 히어로가 아닌 외계에서 온 말하는 오리라는 점 외에 특이사항 없는 (마블에게서조차) 비주류 캐릭터를 히어로로 내세워 영화화시켰다는 실험정신은 잊히기 너무 아깝다. 여기에 앞서 말한 대로 이후의 초기 마블 영화들이 B급 저예산으로 제작되어 왔음을 상기하면, 메이저 규모로 만들어진 첫 마블 시네마 히어로 하워드의 행보는 무시 못 할 만하다. 그렇게 마블의 숨겨진 영웅 하워드 덕은 마블 시네마틱 유니버스 유행과 함께 알려지면서 그 특유의 매력으로 컬트화되어갔다.

이어서 제임스 건 감독이 〈가디언즈 오브 갤럭시〉 시리즈에 하워드를 카메오로 등장시켜 그 시네마틱 유니버스에 합류시킴으로써 다시 블록버스터 포맷으로 부활하게 되었다. 최근 마블에서도 하워드 덕의 리부트가 고려되고 있는 중이라고 한다. 성질 더러운 그러나 로맨틱한, 말하는 오리라는 별난 히어로라 '아이언맨'보다, '스파이더맨'보다 더 매력 있는 하워드를 다시 큰 스크린 속 웅장한 세계관에서 다시 만날 수 있기를 고대하는 바이다! 그런 만큼 이번 마블의 현명한 선택을 기대하겠다! 물론 CG로 그려지겠지만;;; 또 등급 낮춘다고 담배도 안 피울지도ㅜㅜ

(여담- 루카스도 처음엔 원작 특성에 맞춰 애니메이션화하길 원했단다. 그러나 제작사에서는 여름 시장을 겨냥해 실사로 만들길 요구했다. 그래서 루카스는 '존 랜디스' 감독에게 먼저 연출을 제의했지만 성사되지 못하였다. 〈블루스 브라더스〉(1980), 〈런던의 늑대인간〉(1981), 〈에디 머피의 구혼작전〉(1988)까지 기기묘묘한 유머감각을 자랑해온 랜디스라면 딱 어울리지 않았을까 싶다. 그래서일까? 루카스는 끝내 랜디스에게 연출을 맡기지 못한 걸 후회한다고 밝혔다.)

다크맨(1990)
: 지옥의 천사

지난 5월, '마블 시네마틱 유니버스(이하 '마블')'의 〈닥터 스트레인지 2: 대혼돈의 멀티버스〉(이하 〈닥터 스트레인지 2〉)가 개봉했다. 많은 팬들이 인기 캐릭터 '닥터 스트레인지'와 '스칼렛 위치'부터 그를 연기한 '베네딕트 컴버베치', '엘리자베스 올슨'의 귀환에 환호하며 극장으로 몰려들었다. 그러나 필자를 비롯한 일부 영화팬들은 다른 이의 귀환에 환호하였다. 바로 이번 영화를 연출한 감독 '샘 레이미'의 귀환이다. 샘 레이미 감독은 마블에

있어 낯선 감독이 아니라는 점은 잘 알려져 있을 것이다. 그는 2002년 영화화 불가능으로 판명되던 〈스파이더맨〉을 성공적으로 영화화해내었고, 2년 뒤 전편보다 더 완성도 높게 만든 속편으로 지금의 '톰 홀랜드' 버전에도 영향을 줄 만큼 히어로물의 모범을 보여줬다. 그 외에도 그는 초창기 독립영화 시절 기발한 상상력의 공포 시리즈 〈이블 데드〉(1981~1993)를 만들어내면서, 영화를 찍는 법도 모르고 돈도 없어도 도전해보라는 교훈을 던져주어 감독 지망생들에게도 모범이 되어주고 있다. 〈닥터 스트레인지 2〉로 화려하게 귀환한 레이미 감독을 기념하며, 이번 컬트 클래식에서는 그가 만든 최초의 슈퍼히어로 영화를 소개하고자 한다.

아니, 〈스파이더맨〉 1편 말하는 것이 아니다! 심지어 코믹스 원작도 없는 히어로다. 1990년 그가 직접 창조한 비극의 슈퍼히어로 〈다크맨〉이 그 주인공이다. 옛날부터 샘 레이미 감독도 슈퍼히어로 코믹스의 열성팬으로서 코믹스 영화화를 꿈꿨다. 그래서 맨 처음 선택한 것이 〈배트맨〉이었으나, 이미 '워너 브라더스'에서 '팀 버튼'에 의해 영화화된다는 소식을 듣고 만다. 이어서 그는 똑같이 DC 코믹스 소속인 〈섀도우〉를 선택하지만, 그 역시 '러셀 멀케이' 감독 손에 넘어간다. 실망감에 빠진 레이미에게 형이자 의사인 '이반 레이미'는 자신이 직접 만든 아이디어를 제공해준다. 온몸에 끔찍한 화상을 입어 신경 절제술을 받아 고통을 느끼지 못하는 대신 아무것도 느끼지 못하는 부작용으로 아드레날린이 과다 분비되어 괴력을 발휘한다는 아이디어였다. 그를 마음에 들어한 레이미는 이반과 함께 시나리오 작업에 착수하고, 같이 〈이블 데드〉 시리즈를 만든 프로듀서 '로버트 타펫'과 함께 제작에 들어간다. 이 기회에 레이미는 더 큰 발판을 밟게 된다. 〈이블 데드 2〉(1987) 배급 과정에서 맺은 메이저 영화계와 인연을 통해 '유니버설 스튜디오'사로부터 더 많은 제작 지원을 받아낸 것이다. 이로써 이번 영화 〈다크맨〉은 독립영화 감독 레이미의 첫 블록버스터 영화가 되었다.

어느 작은 연구소. 생물학자 '페이튼'은 인공피부 조직을 연구하고 있다. 연구가 성공하면 화상 환자들에게 실제 피부와 유사하게 복구시켜줄 수 있을 뿐더러 여자친구 '줄리'와도 결혼할 기회도 잡게 된다. 하지만 끊임없는 연구에도 불구하고 인공피부는 99분을 버티지 못하고 녹아내린다. 페이튼은 인간이 받은 선물인 이성을 유지하며 차분히 연구를 계속하고자 한다. 한편 변호사인 줄리는 대기업 회장 '루이스 스트렉'의 비리 사건을 맡느라 바쁘다. 밤늦게까지 연구에 매진하던 페이튼은 한 무리 괴한에게 습격을 받는다. 이들은 스트렉의 부동산 증거 자료를 빼앗기 위해 고용된 청부업자 '듀란트'의 무리들! 줄리가 연구실에 놓고 간 자료를 찾아낸 듀란트와 일행은 증거를 없애고자 페이튼을 고문한 뒤 연구실을 폭파시킨다! 줄리는 눈앞에서 연구실이 폭파되는 광경을 목격하고, 흔적도 남지 않은 페이튼의 죽음을 받아들인다. 그러나 다행히 페이튼은 살아 있었다! 신원불명의 환자로 의식불명 상태에서 입원한 그는 더이상 고통을 받지 않도록 신경절제술을 받는다. 그러나 어떠한 감각 정보도 느끼지 못하게 된 그의 뇌는 그를 끊임없이 추구해 아드레날린이 과다 분비되는 부작용을 겪을 것이며, 그 결과 감정과 충동 조절이 불가능해 얼마 못 갈 것이라고 전문의는 예상한다.

그러나 의식을 되찾은 페이튼은 구속을 풀고 병원을 탈출한다! 빗속에서 정처 없이 헤매던 페이튼은 폐쇄된 공장에 은신처를 마련하고, 얼굴을 감은 붕대를 벗겨 얼굴을 확인하자 절망한다. 그럼에도 페이튼은 포기하지 않고 폭발한 연구실의 남아 있던 컴퓨터와 연구 물질들을 가져다 새로운 연구실을 마련한다. 그렇게 자신의 얼굴을 복구할 인공피부를 연구하지만 역시나 99분을 버티지 못하고 실패를 거듭한다. 한편 사건의 원흉인 듀란트 무리를 미행하기 시작한 페이튼은 무리 중 가장 약한 '릭'을 납치해낸다. 주도자가 듀란트라는 사실을 알아낸 페이튼은 그를 도로 한가운데에서 잔인하게 죽인다. 다음 날 페이튼은 듀란트의 무리 중 현금 운반책을 맡는 거구를 미행해 얼굴, 손 사진들을 찍어 그를 자료로 얼굴 가면과 손 모양의 장갑을 만든다. 그의 가면과 장갑을 끼고 나타난 페이튼은 돈을 빼돌려 듀란트를 곤란에 빠뜨리는 데 성공한다. 다음으로 듀란트의 다음 거래 일정을 도청해 그 녹음 음성을 바탕으로 목소리까지 변조하는 데 성공한 페이튼은 듀란트의 가면을 쓰고 강도 혐의를 뒤집어씌운다. 그 후 차이나타운의 거래 현장에 직접 나서 쉽게 통하지 않는 삼합회 조직 두목에게 고통을 느끼지 못한 자신의 손으로 위협해 역시 돈을 빼돌린다.

복수에 성공했지만 성격마저 돌변한 자신의 모습에 불안을 느끼기 시작한 페이튼. 인공피부도 여전히 99분의 제한은 풀리지 않는다. 결국 수술 부작용 그대로 폭력적인 성향을 보이기 시작한다. 그러나 바로 자기 모습을 자각한 페이튼은 과학자답게 이성을 되찾으려 애쓴다. 기다리던 끝에 마침내 자신의 얼굴 가면이 완성되고, 페이튼은 그 얼굴을 쓰고 줄리 앞에 선다. 그가 죽은 줄 알고 있던 줄리는 겁을 먹지만 말투부터 살아 있는 육신까지 확신하자 안심한다. 페이튼은 줄리에게 "만일 내 얼굴이 괴물처럼 흉측해졌어도 나를 사랑해줄 거야?"라 묻고, 그에 줄리는 당연하다며 사랑하는 이가 이렇게 살아 있는데 왜 그게 중요하냐며 안심시킨다. 줄리와 유원지로 데이트를 나간 페이튼은 상품이 걸린 게임에서 이긴다. 그러나 게임장 주인이 바가지를 씌우자 다시 걷잡을 수 없이 분노가 치민다. 그냥 가자는 줄리는 뒤로한 채 침착하게 줄리에게 줄 상품을 달라 하지만, 주인장이 손가락질까지 하자 본성이 폭발해 줄리 눈앞에서 그의 손가락을 부러뜨린다! 겁먹은 줄리에게도 상품을 받으라고 겁박하게 되고, 때마침 자신의 얼굴이 녹기 시작하자 페이튼은 도망치고 만다. 페이튼을 쫓아간 줄리는 폐공장까지 따라가서 녹아내리는 얼굴 가면을 발견해 그의 비밀을 알아채는데….

레이미는 캐릭터를 구체화하면서, 고전 공포영화 이미지들을 섞어냈다.

얼굴을 붕대로 감싼 모습은 바로 〈투명인간〉(1933)을 연상시키고, 화상으로 흉측해진 얼굴은 〈밀랍 인형의 집〉(1953)을, 폐허가 된 공장 안에 세워 놓은 기기묘묘한 연구실은 〈프랑켄슈타인〉(1931)을, 그리고 비극적인 로맨스는 〈오페라의 유령〉(1943)을 연상시킨다. 그와 그림자 속에 숨어서 악한들이 공포심을 심어주는 신비로운 분위기 역시 그가 만들고 싶어 한 배트맨과 쉐도우를 따왔다. 여기에 오랫동안 브로드웨이 무대에 섰던 무명 시절 '리암 니슨'도 영화의 절반 이상 얼굴을 가리고 다님에도 불구하고, 실제 외상 후 스트레스 환자 모임에도 참석하며 탐구해 오페라적인 연기로 훌륭히 다크맨의 고통을 표현했다. 애초 이 어려운 캐릭터 설정 또한 그로 하여금 도전하게 만든 이유이기도 하다. 여기에 스타 '줄리아 로버트'를 제치고 줄리 역을 맡은 '프란시스 맥도먼드'도 기존의 여성 캐릭터와 다른 여성상을 보여주며 훌륭한 케미를 보여주었다. 듀란트를 연기한 B급 영화 스타이자 연기파 배우 '레리 드레이크' 역시 희생자들의 손가락을 수집하는 피눈물 없는 카리스마로 연기해 다크맨에게 딱 어울리는 적수를 만들어 보였다.

그러나 무엇보다 레이미가 집중한 것은 다크맨이라는 복잡한 인물의 내면이다. 〈이블 데드〉 시리즈에서 직접 카메라를 들고 뛰며 질주하는 놀라운 영상들을 보여준 레이미는, 이번 영화에서도 다크맨의 혼란스런 내면을 표현하고자 이 기술들을 극한으로 밀어붙였다. 사실 말로 극한의 표현일 뿐이지, 레이미 본인은 가능한 이를 절제하고 싶어했다. 단순한 깜짝쇼가 아닌 내면 탐구를 구현하고자 한 것이다. 그래서 똑같이 훗날 명감독이 되는 친구 사이인 '코엔 형제'의 도움을 받아 복수극 시나리오를 탄탄히 다지는 한편(맥도먼드의 캐스팅도 남편인 '조엘 코엔'의 도움이 있었다.) 다크맨의 충동적인 분노와 슬픔을 표현하기 위해 순간적인 인서트부터 다각도의 편집들을 실험적으로 나열했다. 여기에서 끝나지 않고 레이미는 필요한 것과 불필요한 것을 구분해야 했고, 제작사로부터 폭력성을 낮추자는 압박을 받으며 갈등을 빚기도 했다. 결국 처음 맡은 편집감독이 힘들다 못해 도중하차하는 일이 벌어져 레이미가 직접 편집을 마무리하는 상황까지 벌어졌다고 한다. 다행히 영화는 저예산에 인기 대스타도 없는 데다 소규모로 개봉했음에도 불구하고, 제작비의 4배에 달하는 5천만 달러 수익을 벌어낸다.

물론 냉정히 말하자면 영화의 완성도가 높지는 않다. 스토리 전반적으로 쉽게 넘어가는 허점들이 많다. 폐허가 된 공장에서 쉽게 연구실을 차리는 점부터도 그렇고, 특히 여주인공 줄리는 변호사임에도 자신의 원고인에게 의심 없이 정보를 말해주는가 하면 그 정체를 알아냈음에도 아무런 대처도 안 해 페이튼까지 위험에 빠뜨리게 만든다. 물론 이러한 약점들도 이전의 슈퍼히어로 코믹스와 영화들에서 자주 등장한 클리셰이기도 하다. 그만큼 스토리보다 영화를 지배하는 것은 그를 잊게 만드는 시각적 스타일과 정통 남성 영웅 서사(혹은 복수극)다. 특히 팀 버튼이 〈배트맨〉에서 보여준 것처럼, 과장된 미장센과 그림자 실루엣으로 보여주는 촬영은 표현주의 영화 양식을 표방하며 다크맨이라는 표정 없는 인물의 내면 묘사를 강조하고 공포로 포장한다. 그래서 영화가 그 자체로 만화책이나 애니메이션처럼 느껴진다. 여주공인 줄리도 소극적이고 민폐 같아 보여도 그녀는 다크맨부터 악당들의 결정권을 흔드는 존재이며, 다크맨이 얻지 못하는 선의 영역을 지배해 그를 고뇌하게 만들기에 무시할 수 없는 역할이다. 여기에 이후 여성 총잡이의 복수극 〈퀵 앤 데드〉(1995)부터 저주받은 운명을 스스로 벗어나려 사투를 벌이는 여성이 주인공인 〈드래그 미 투 헬〉(2009), 그리고 똑같이 슈퍼 영웅의 선택을 좌지우지하는 〈스파이더맨〉의 '메리 제인'과 〈닥터 스트레인지 2〉의 '완다'와 '아메리카'까지 보면, 샘 레이미 감독이 여성을 그리는 시선도 변하고 있는 건 사실이다.

이 영화를 시작으로 〈스파이더맨〉 시리즈부터 지금의 〈닥터 스테리인지 2〉까지 자신만의 블록버스터를 만들게 되는 레이미를 비롯해 함께 해준 많은 인재들이 똑같이 메이저로 진출하게 되었다. 다크맨을 훌륭히 연기한 리암 니슨도 할리우드의 주목을 받아, 똑같이 선과 악 양면이 복잡하게 얽힌 '오스카 쉰들러'를 연기한 〈쉰들러 리스트〉(1993)부터 시작해 중년 나이에도 액션 스타 자리를 꿰찬 〈테이큰〉(2008)에 이르기까지 관록의 대배우로 자리 잡았다. 맥도먼드 역시 이후 〈파고〉(1996), 〈쓰리 빌보드〉(2017), 그리고 〈노매드 랜드〉(2020)까지로 세 차례 아카데미 상을 받은 대배우가 되었다. 카메라를 격렬하게 움직이는 실험적인 영상을 선보여준 촬영감독 '빌 포프'는 이를 계기로 '워쇼스키 자매(당시 형제)'의 눈에 띄어 그들의 데뷔작 〈바운드〉(1995)부터 시작해 〈매트릭스〉 시리즈(1999~2003)의 촬영을 맡으며 블록버스터 촬영감독이 되었다. 레이미와도 재회하여 〈스파이더맨 2, 3〉를 촬영하였고, 에드가 라이트 감독과도 〈스콧 필그림〉(2010), 〈베이비 드라이버〉(2017)를 촬영한다.

〈다크맨〉은 여러 관점에서 볼 때 독보적으로 독특한 히어로물이다. 코믹스 원작이 아닌 창작이며, 복잡한 성격의 안티히어로이기 때문이다. 물론 양면적인 안티히어로는 '블레이드', '베놈'까지 코믹스로 있어 왔지만, 〈슈퍼맨〉과 같은 긍정적인 히어로들과 다른 이들의 영화화는 다소 망설여지고 있던 상황이었다. 이런 배경에서 현실의 의학과 연관해 기발한 안티히어로를 창작하였을 뿐더러 공포물로 다져온 스타일을 과감하게 보여주어 더 코믹스스러운 영화로 만들어냈다. 그렇기에 비극적인 스토리와 공포, 블랙유머가 전혀 위화감이 없이 조화되어 보인다. 그리고 이 스타일은 〈스파이더맨〉과 〈닥터 스트레인지 2〉에서도 빛난다. 〈스파이더맨〉의 빌런들은 공포스러운 분위기에서 등장하고(특히 2편의 '닥터 옥토퍼스'의 수술실 학살 장면은 압권이다!), 〈닥터 스트레인지 2〉에서 막판 '좀비 스트레인지'의 등장 신도 다크맨의 헌신처럼 느껴진다. 두려움 없는 상상력과 열정으로 독립영화계의 신동에서 블록버스터 거장으로 오른 샘 레이미 감독이 보인 필모는 지금까지도 많은 영화광들에게 영감을 주고 있다. 앞으로도 그가 에너지가 충만한 영화들을 만들어 세계 영화계를 구원해주길 바란다. 진부한 기성품 같았던 마블 영화계를 그만의 스타일로 구원해준 〈닥터 스트레인지 2〉처럼. 혹은 〈다크맨〉처럼.

(여담-영화의 마지막, 다크맨이 새로운 가면을 쓰고 사람들 사이로 사라질 때, 그 얼굴은 레이미 감독의 페르소나 '브루스 캠벨'이 연기했다. 고등학교 때부터 레이미 감독과 친구인 그는 〈이블 데드〉에서 주연을 맡게 된 것을 시작으로 연기를 시작했고, TV 드라마 〈여전사 지나〉(1995~2001), 〈번 노티스〉

(2007~2013)부터 영화 〈콩고〉(1995), 〈하늘에서 음식이 내린다면〉(2009)까지 여러 작품들에 출연했다. 레이미 감독도 이후에도 그를 카메오로 자주 출연시켜주었는데, 〈스파이더맨〉 시리즈 1편의 레슬링 사회자, 2편의 극장 안내원, 3편의 프랑스 레스토랑 지배인이 바로 이 분이시다! 물론 〈닥터 스트레인지 2〉에서도 나오신다! ㅎㅎ)

여기까지 읽어준 이들에게 감사를 전하며, 이번 책을 쓰는 데 도움이 된 참고 자료들을 소개한다. 필자가 주로 해외 영화 팬 유튜버들의 영상 자료를 즐겨 보는 편이어서 그들로부터 이 책을 쓰는 데 많은 도움을 받았다. 그 중 80~90년대 컬트영화들의 제작 비하인드를 자주 소개해주어 이번 책을 쓰는 데 큰 영감이 되어준 'Minty Comedic Arts', 'Good Bad Flicks', 'Brandon Tenold', 'Cinemassacre', 그리고 'B급 리뷰' 채널에 깊은 감사를 표하는 바이다. 그 외에도 도움이 된 서적들, IMDB를 포함한 인터넷 사이트들에도 역시 감사를 표하는 바이다. 이번 책을 계기로 이들 역시 더 많은 관심을 받을 수 있기를 바란다.

유튜브 채널

B급 리뷰

Brandon Tenold

Cinemassacre

Good Bad Flicks

Minty Comedic Arts

.

인터넷 사이트

Cinemassacre.com

IMDB

Wikipeadia

Pinterest

나무위키

블로그

'페니웨이의 IN THIS FILM : 괴작열전(怪作列傳)' TISTORY 블로그

서적

『김시광의 공포영화관』(김시광 지음, 청어람장서가, 2009)

『망령의 기억: 1960~80년대 한국공포영화』(허지웅 지음, 한국영상자료원, 2010)

『폭력의 엘레지 스즈키 세이준』(개정판)(김성욱 엮음, 문화학교 서울, 2012)

『한국영화전사』(개정증보판)(이영일 지음, 도서출판 소도, 2004)